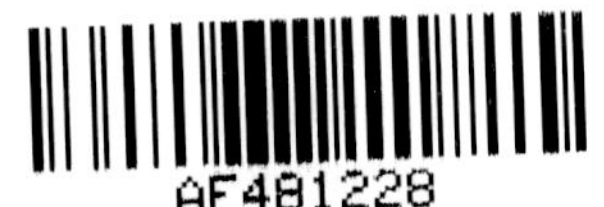

ESTE LIBRO DE COLOREAR PERTENECE A

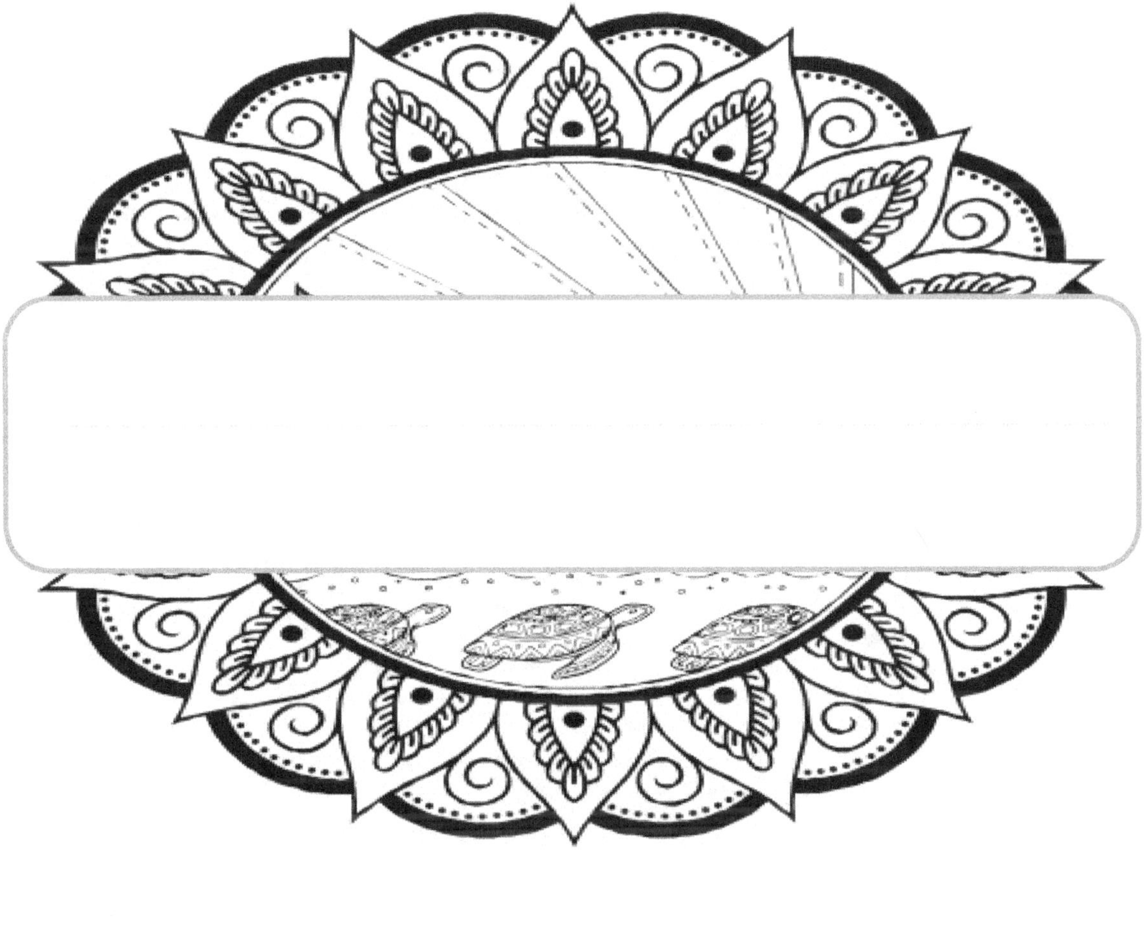

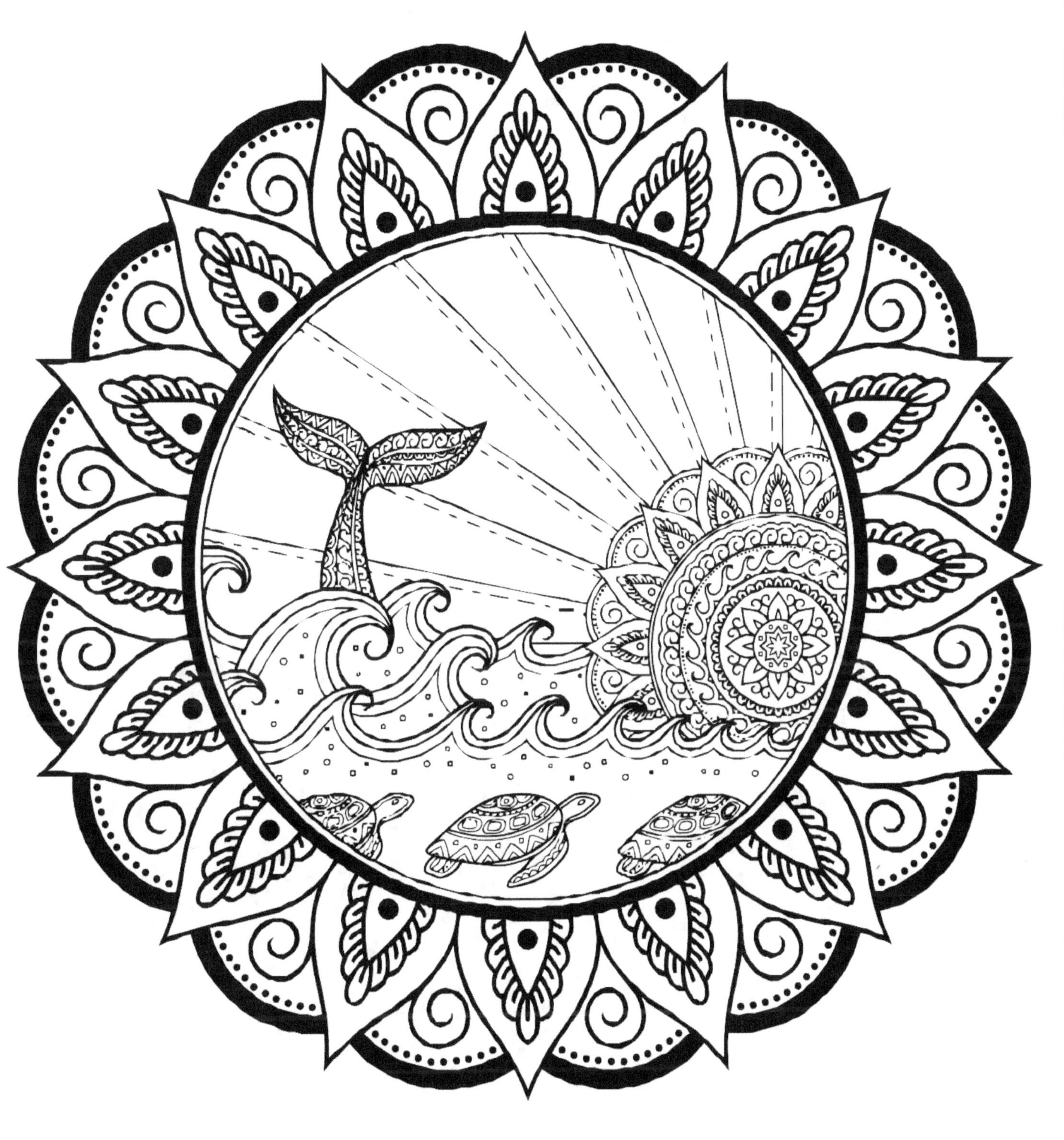

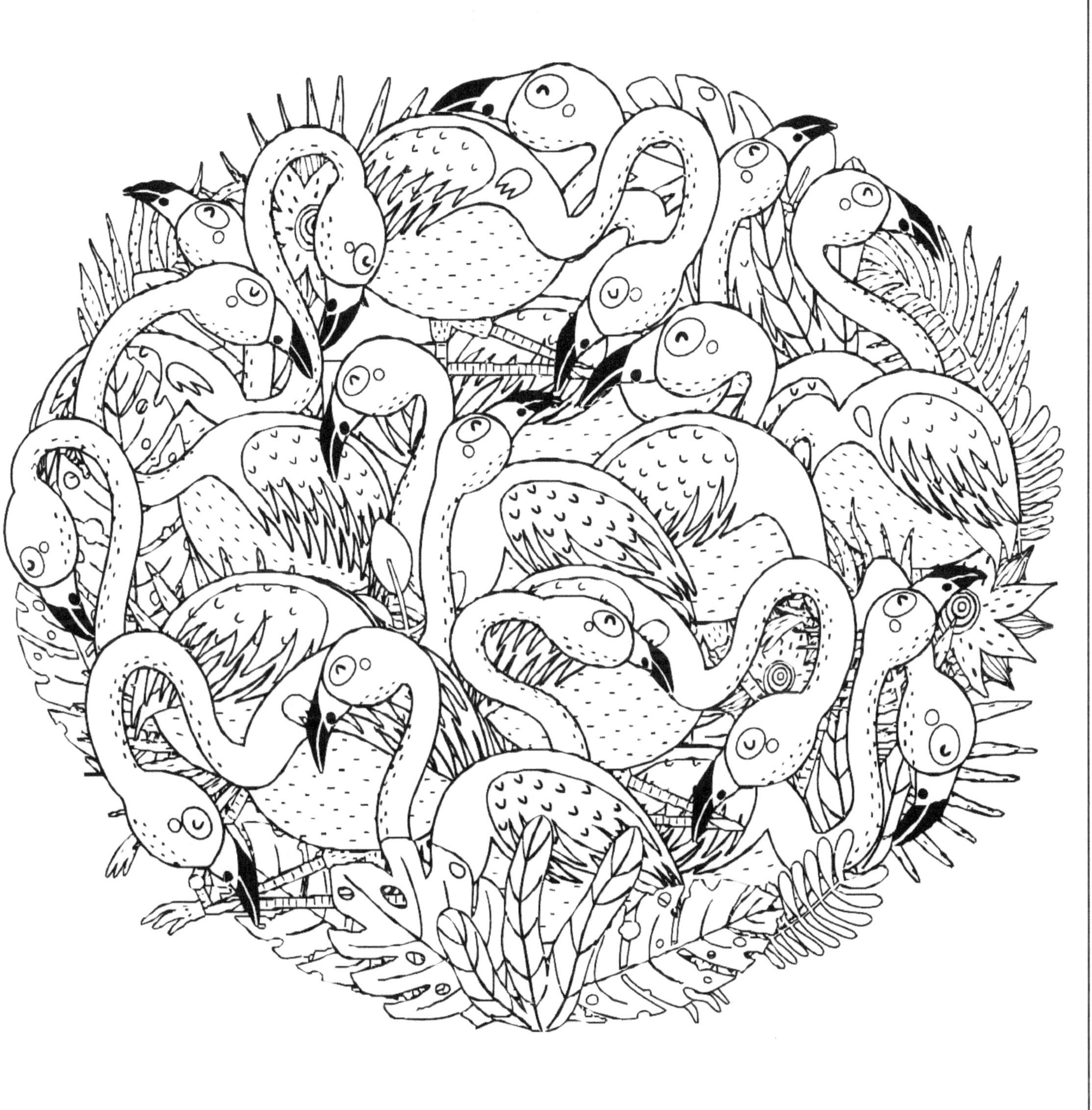

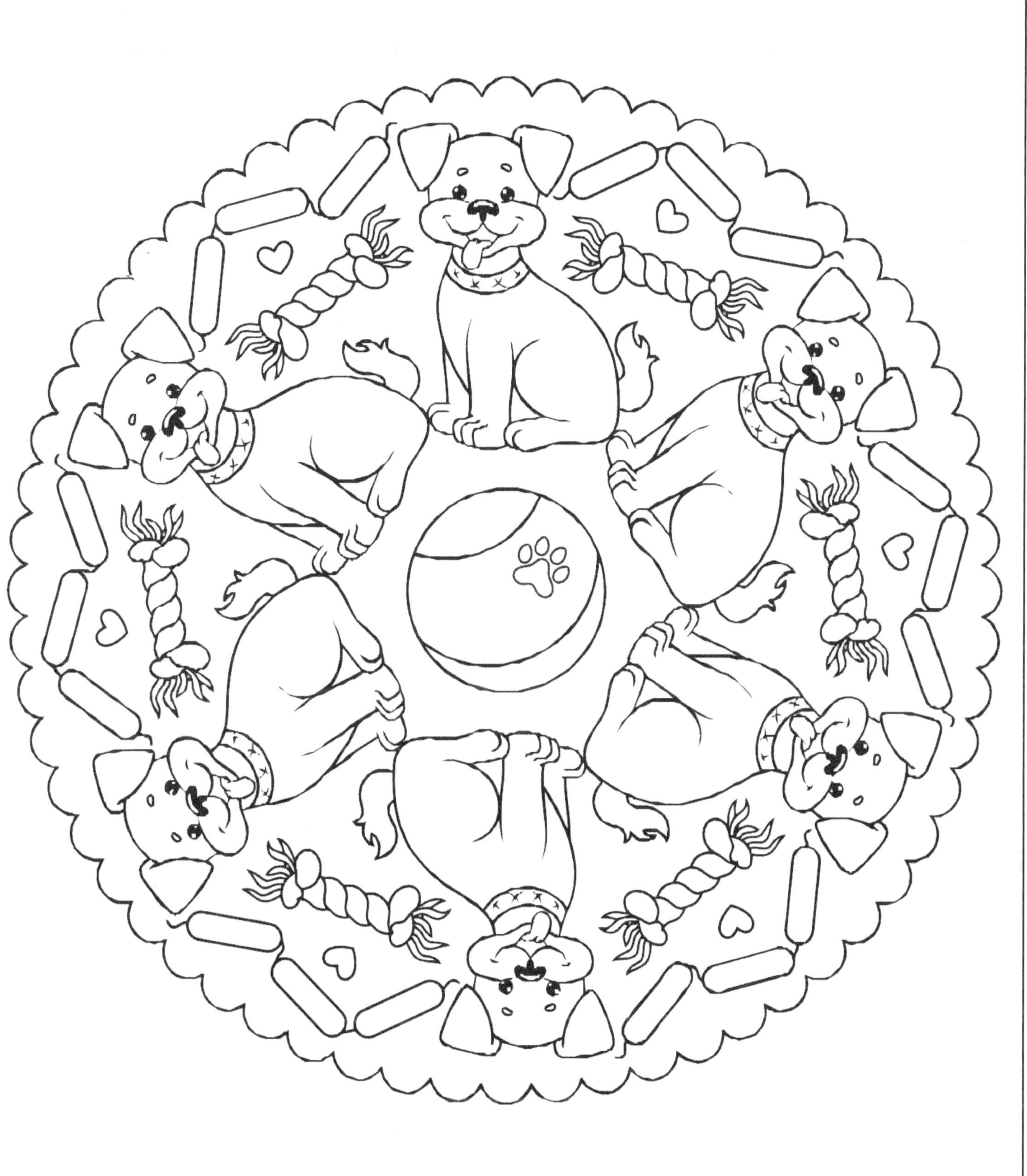

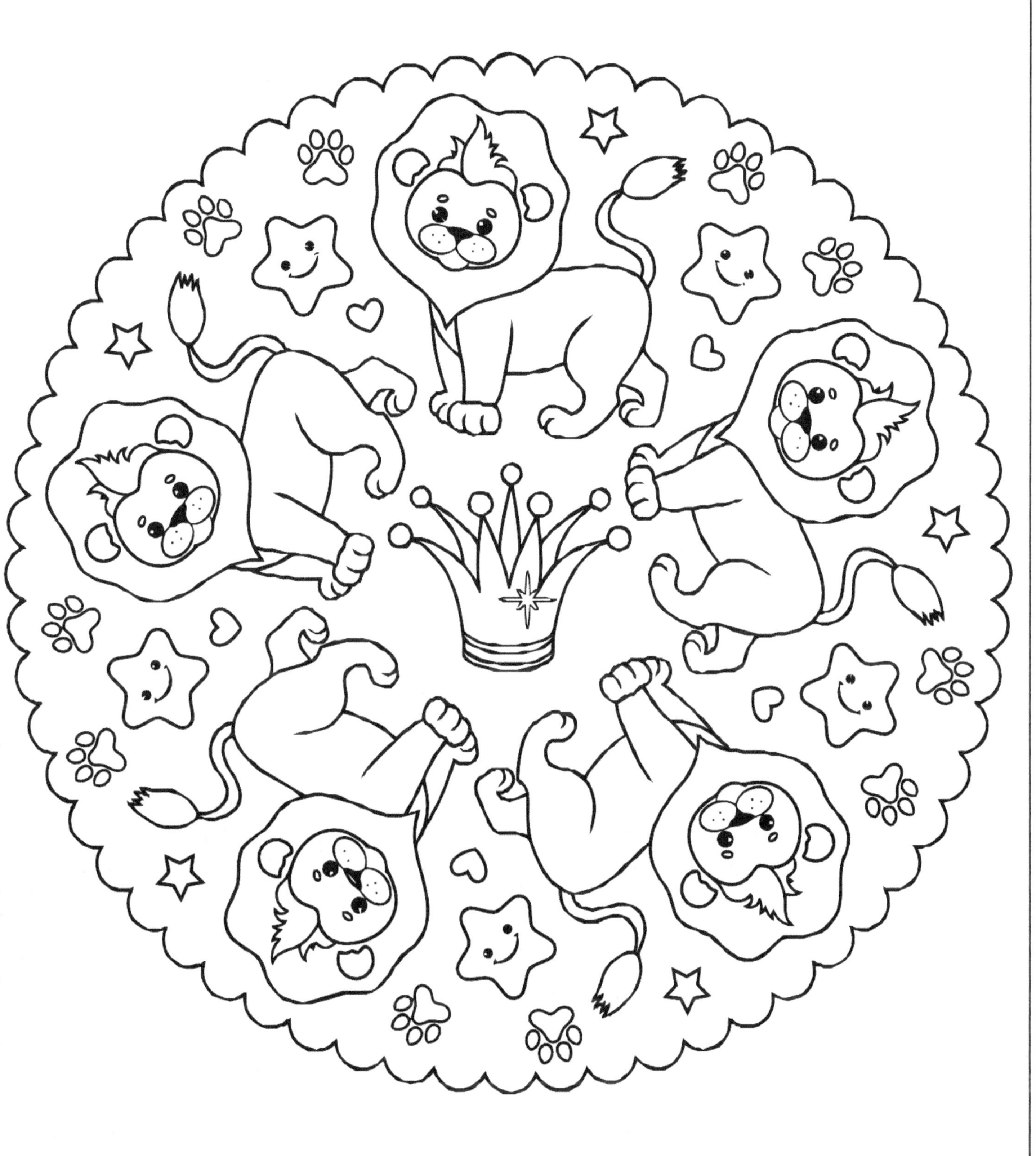

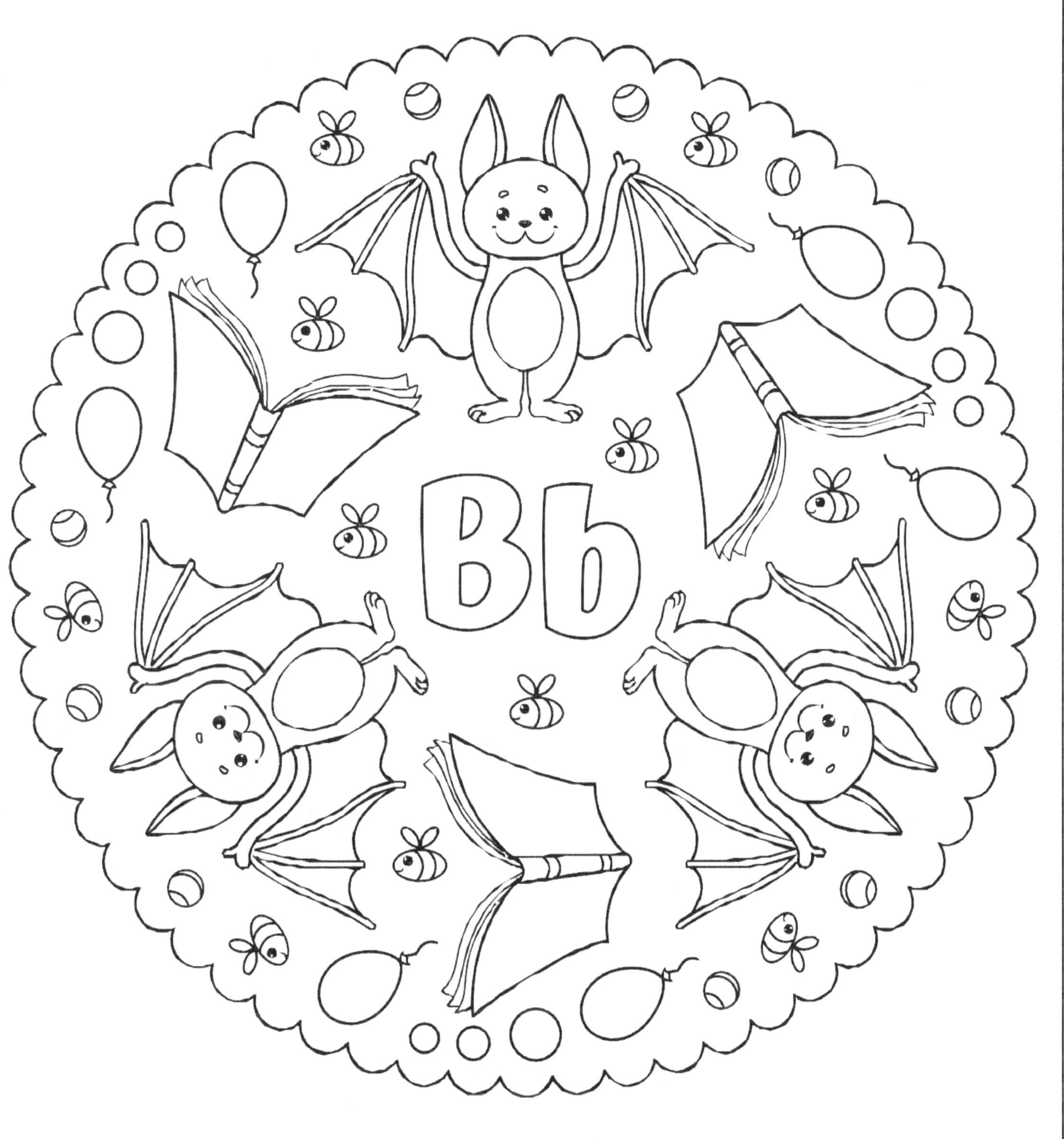
Bb

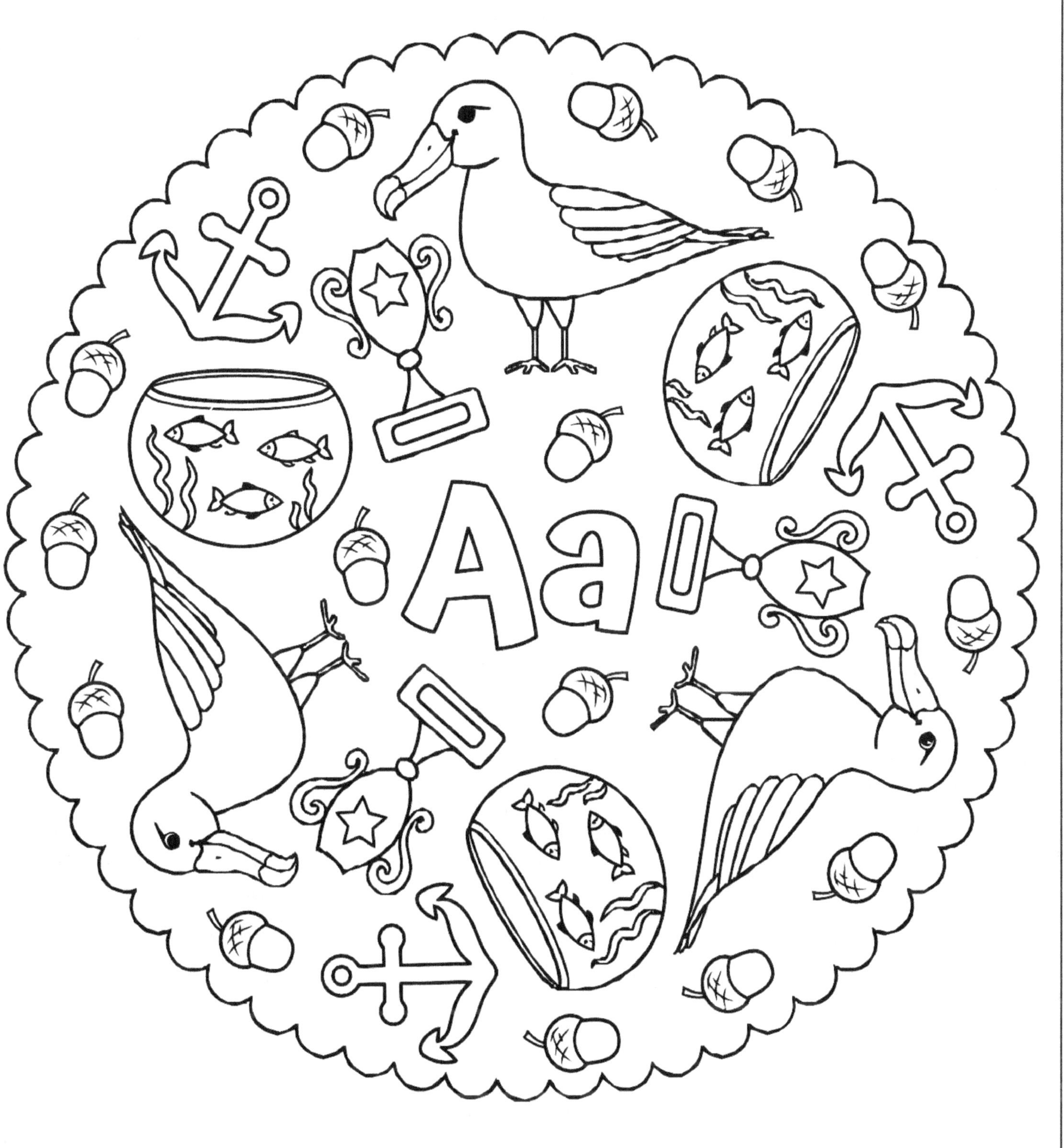

Aa

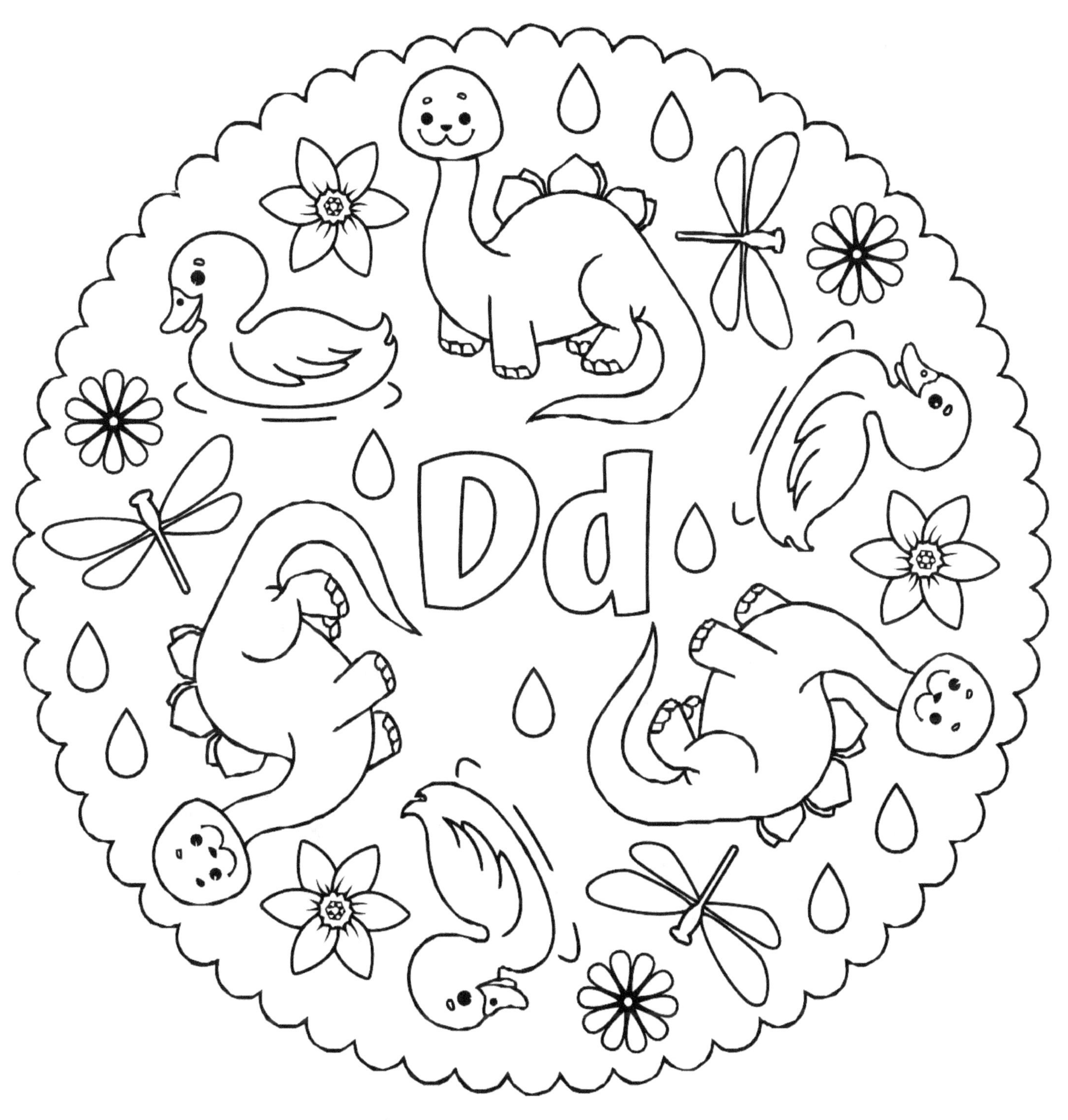
Dd

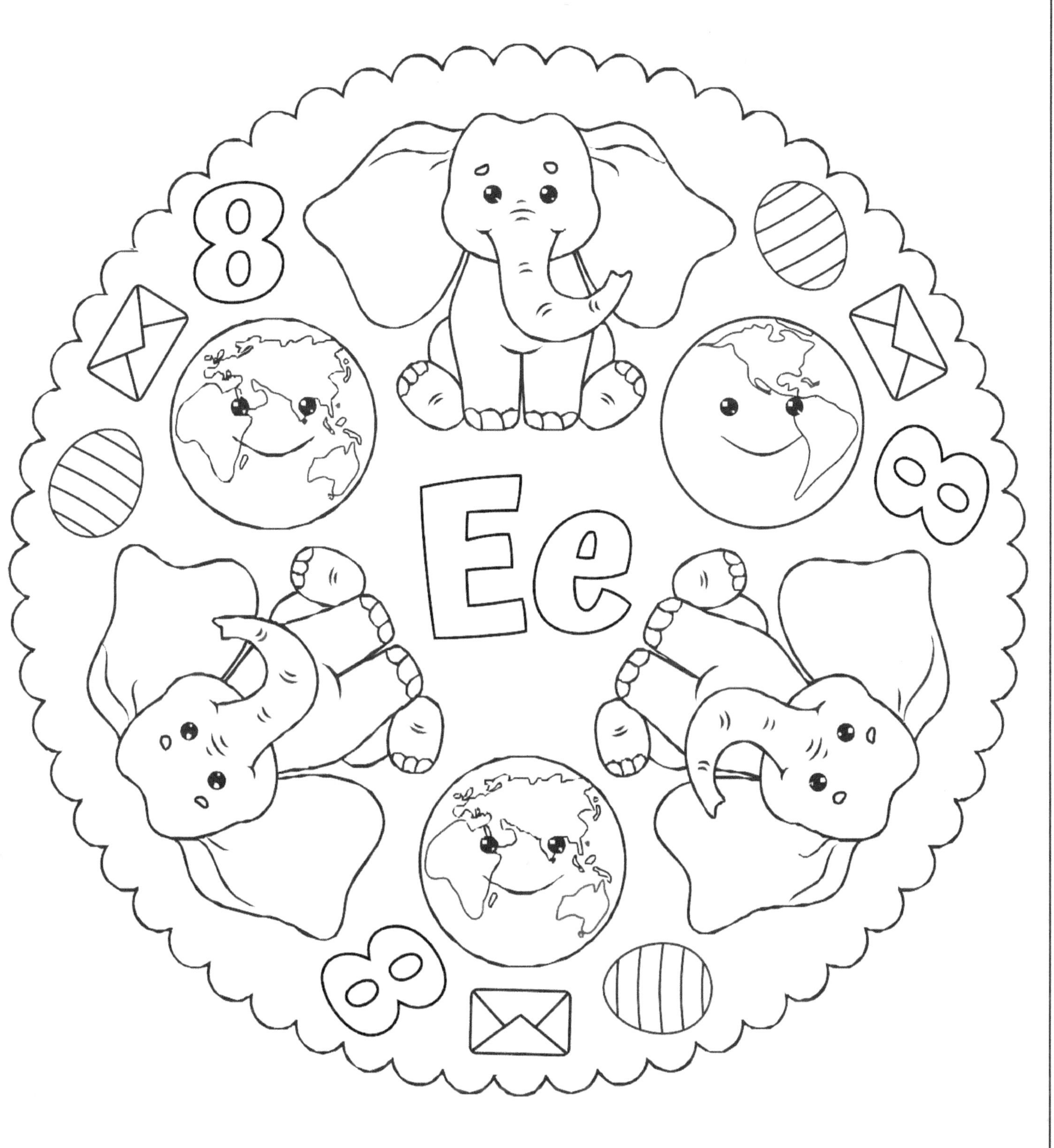

Ee

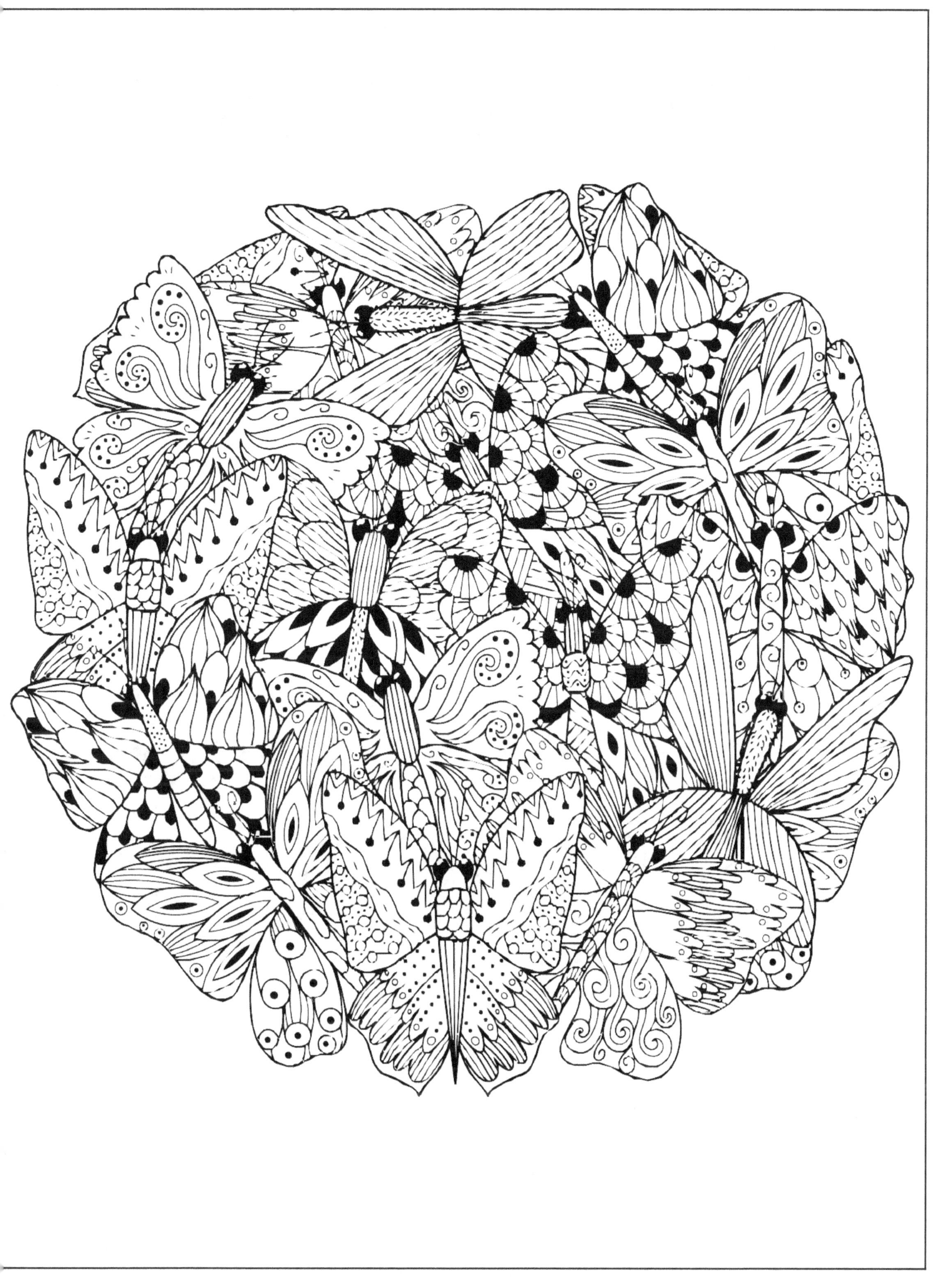

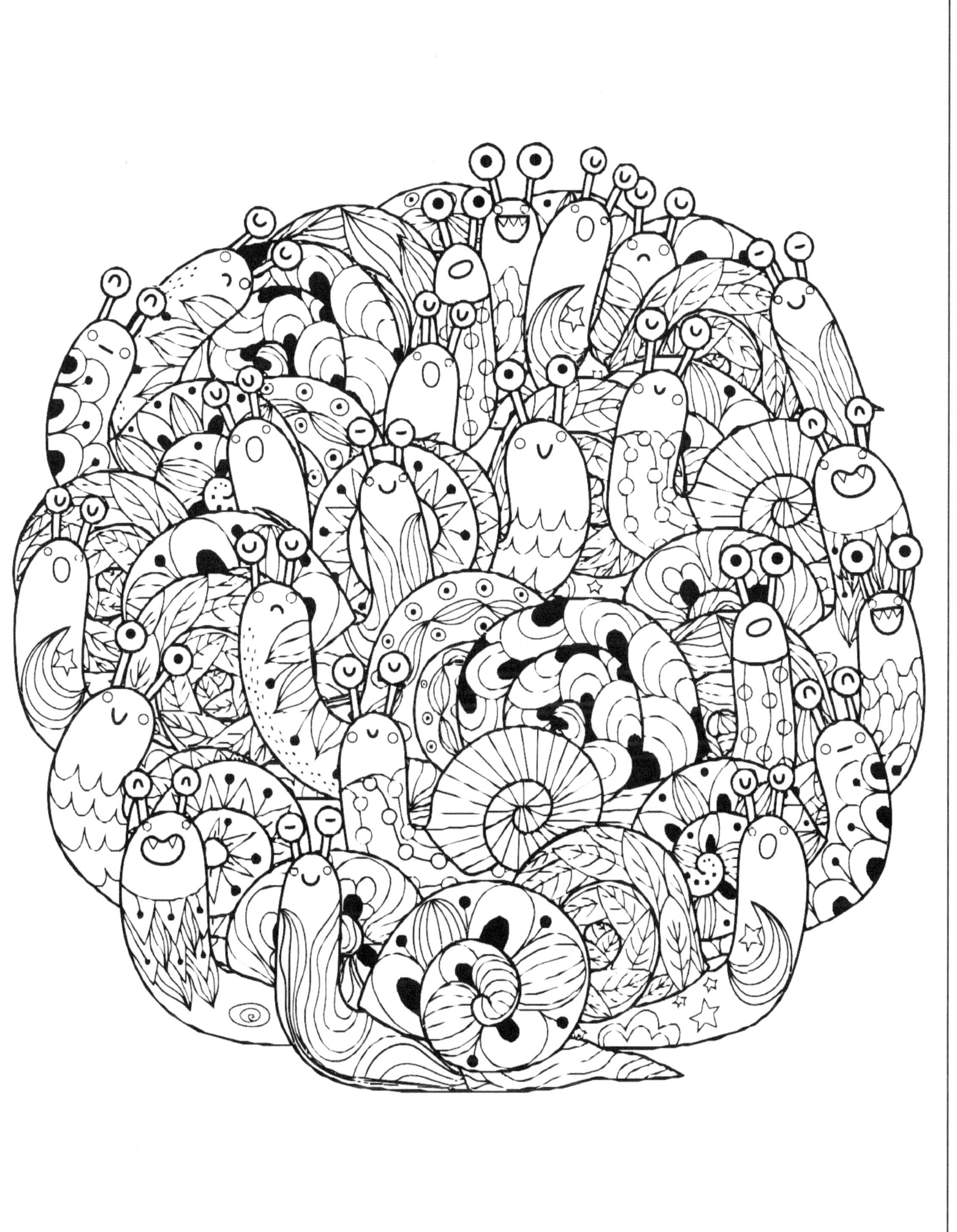

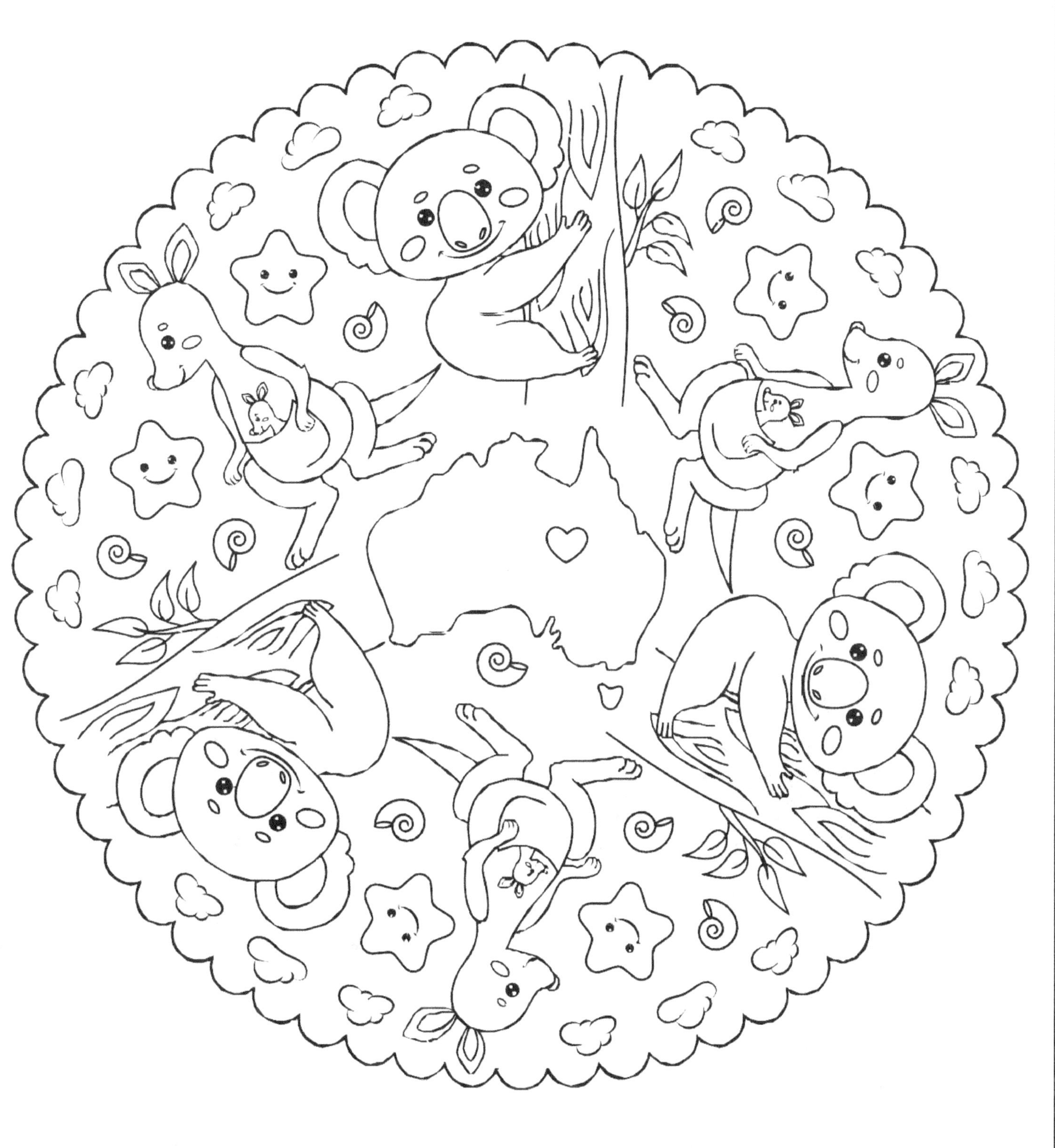

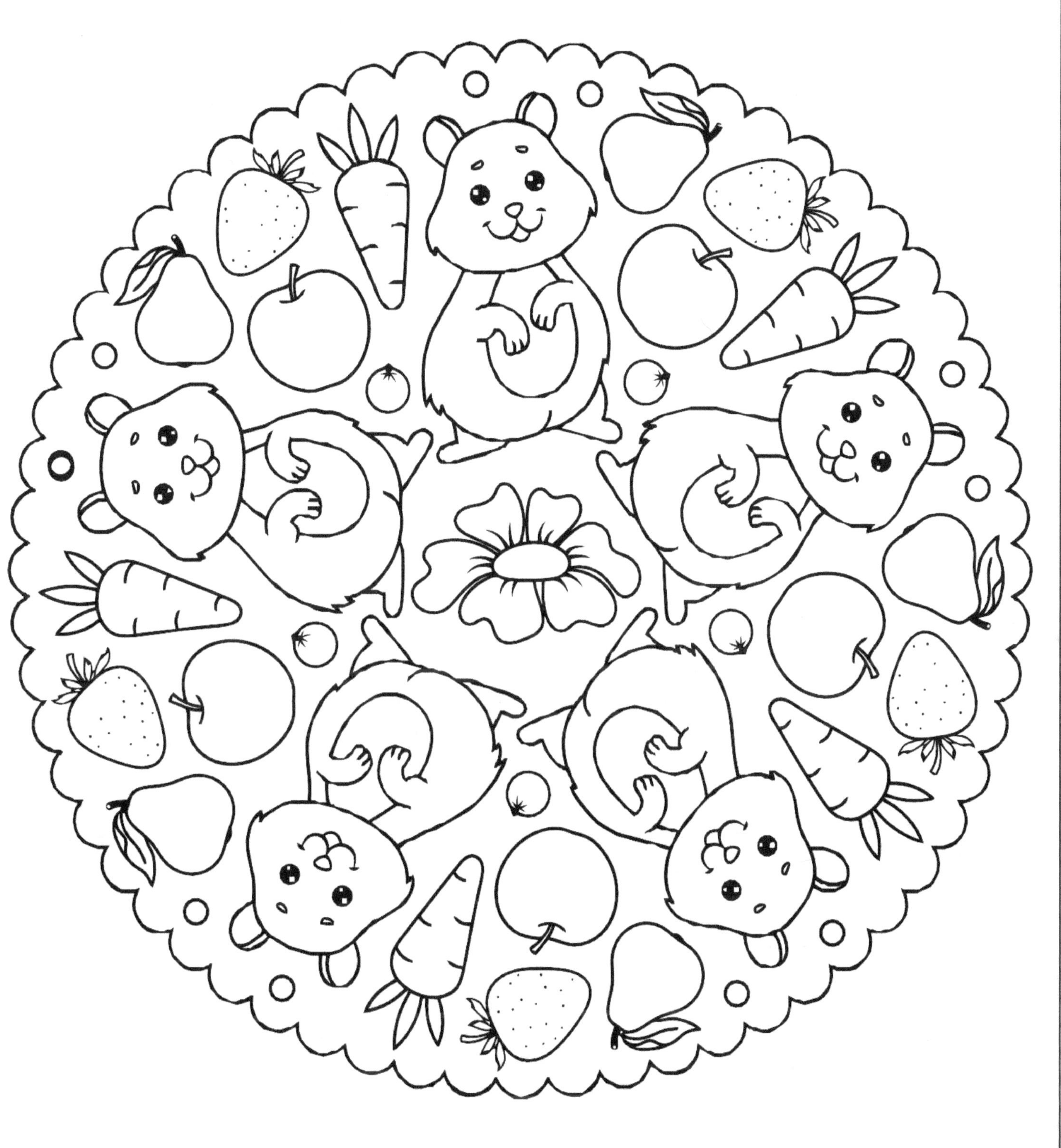

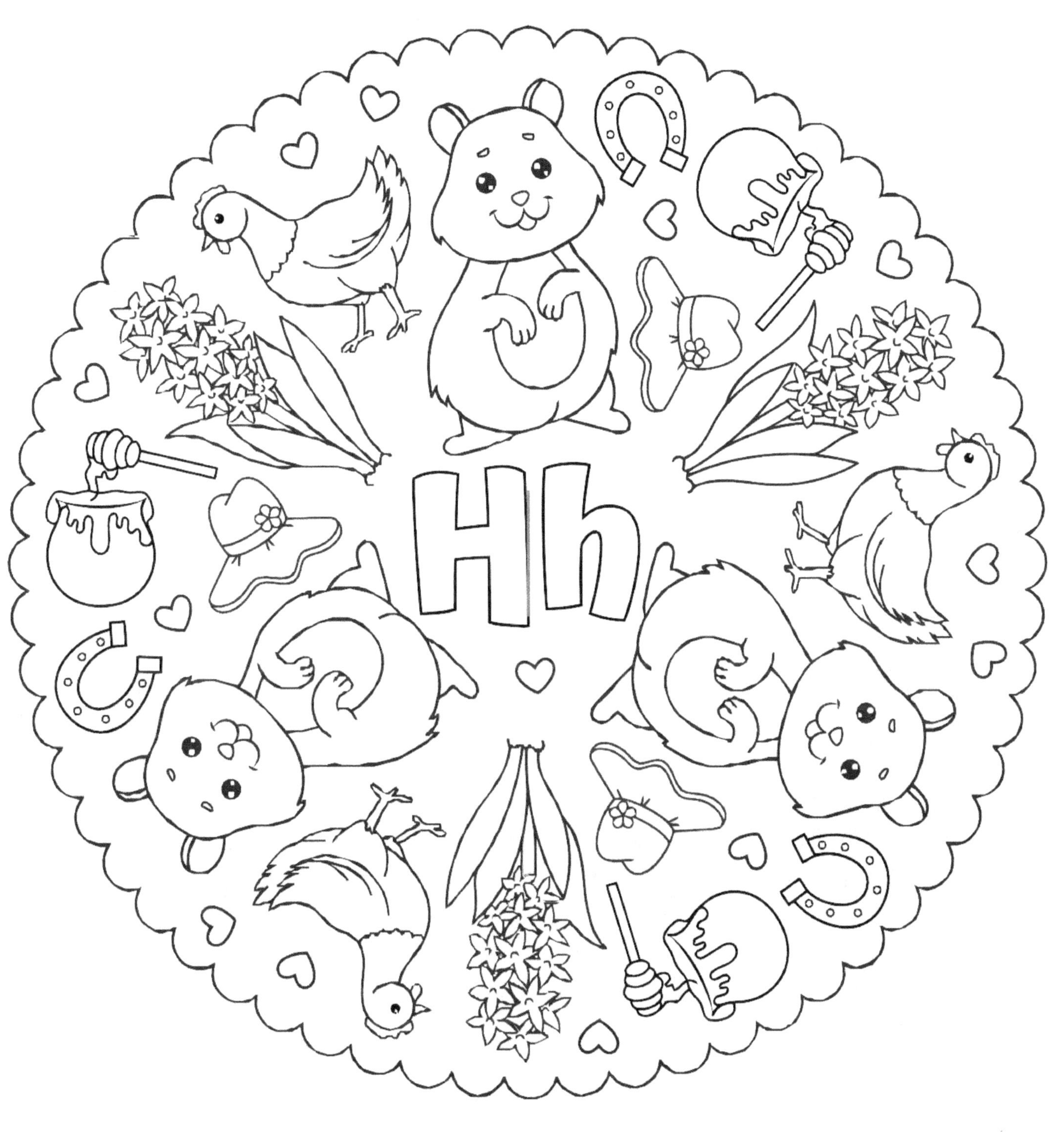

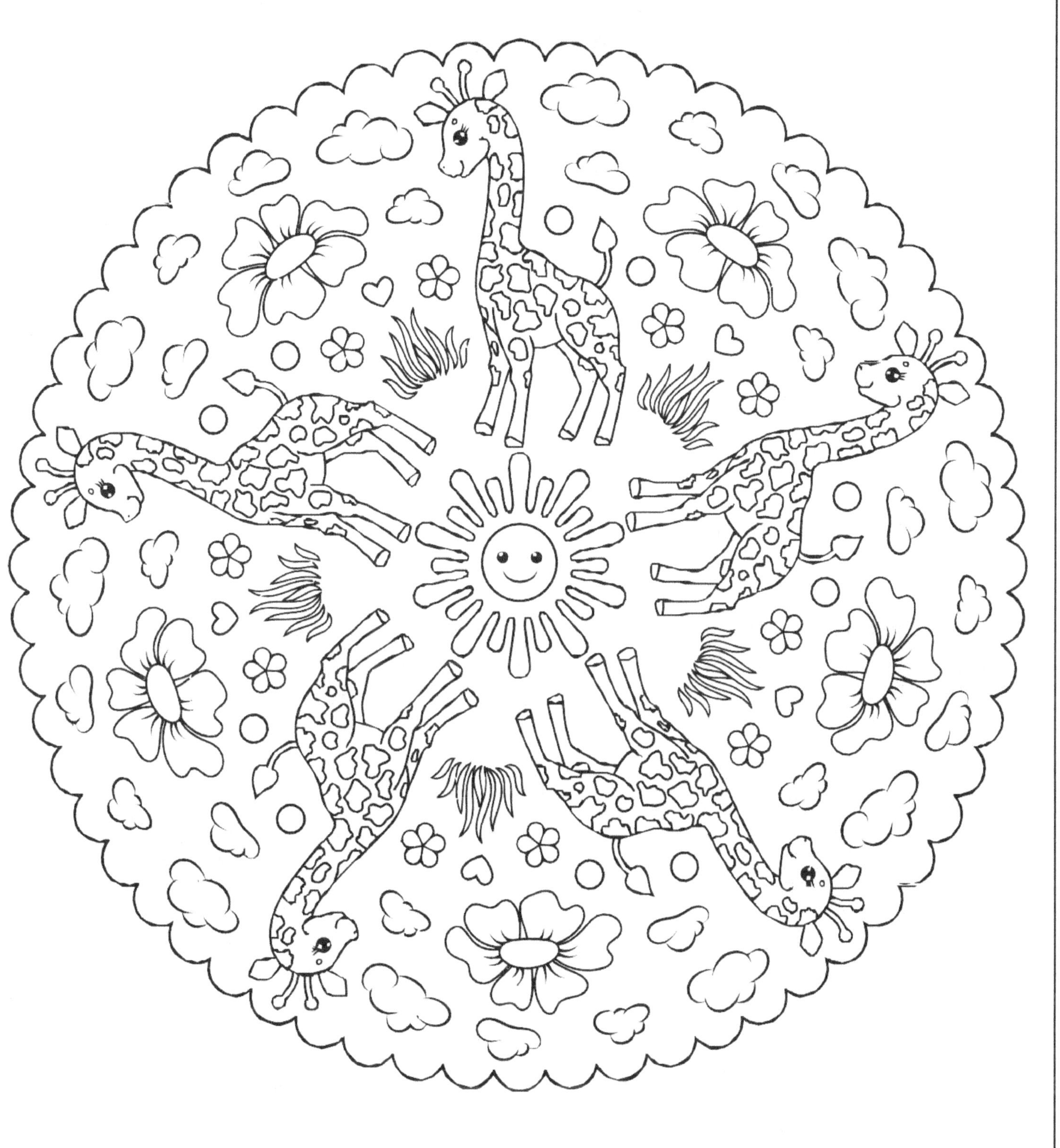

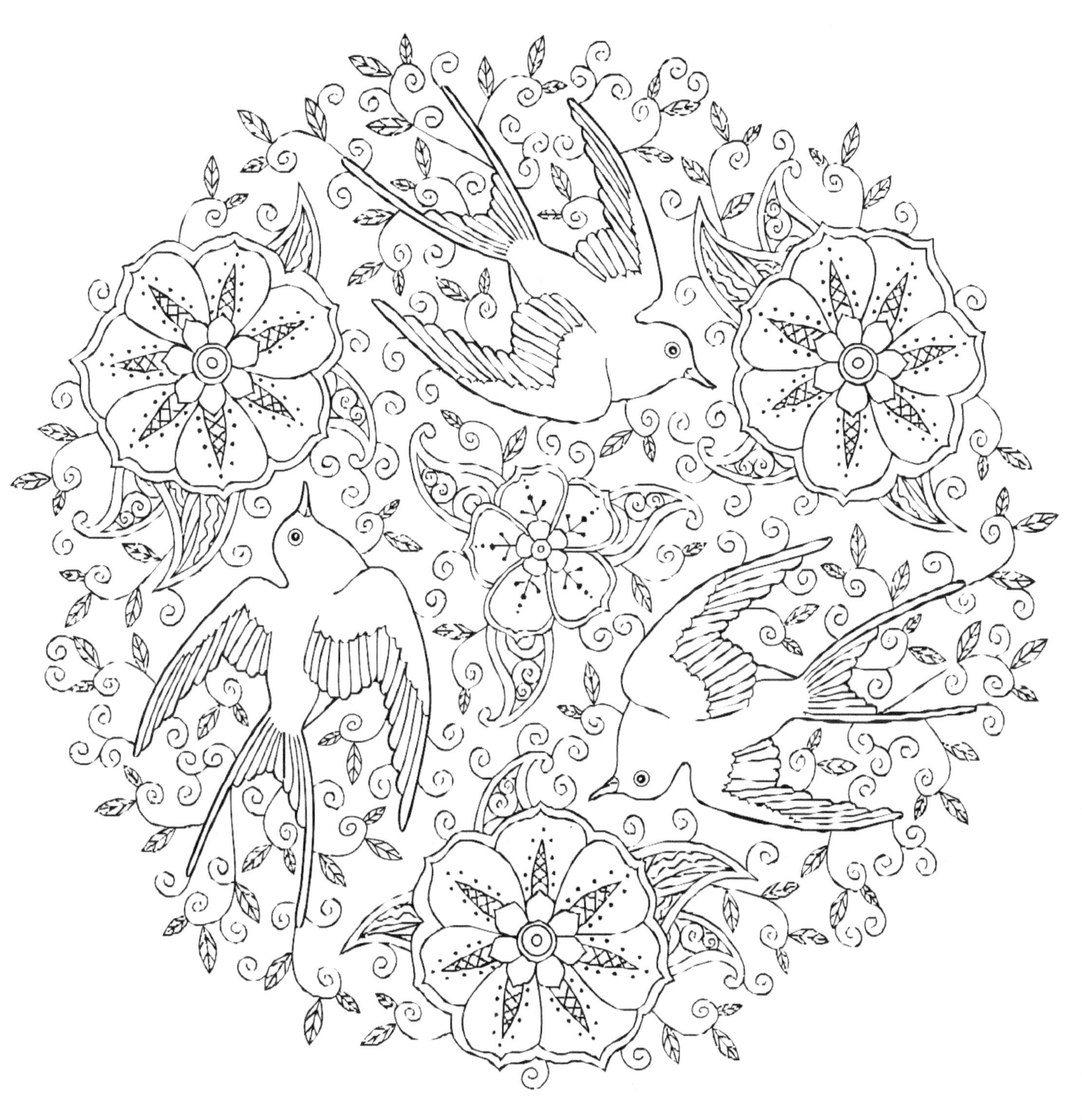

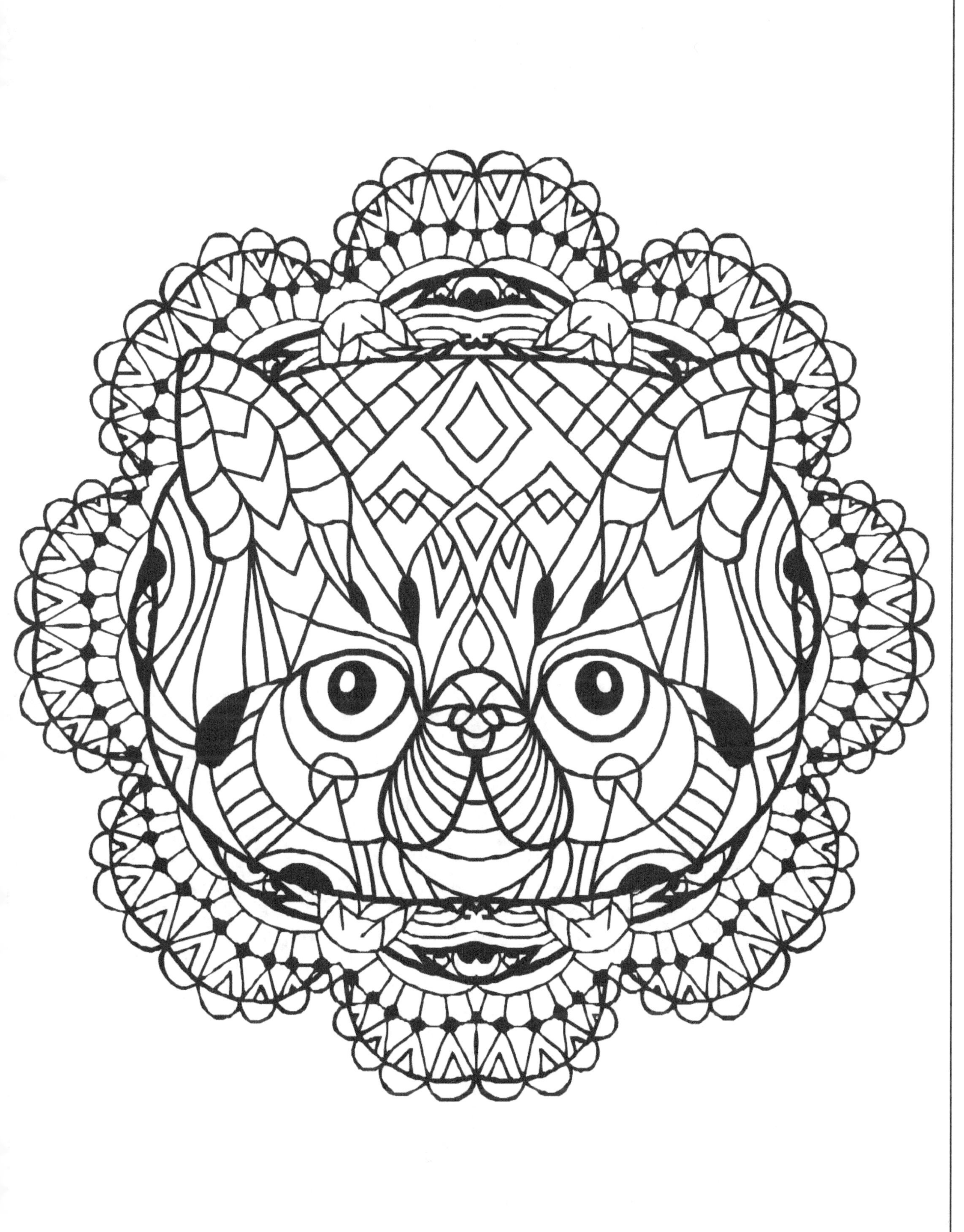

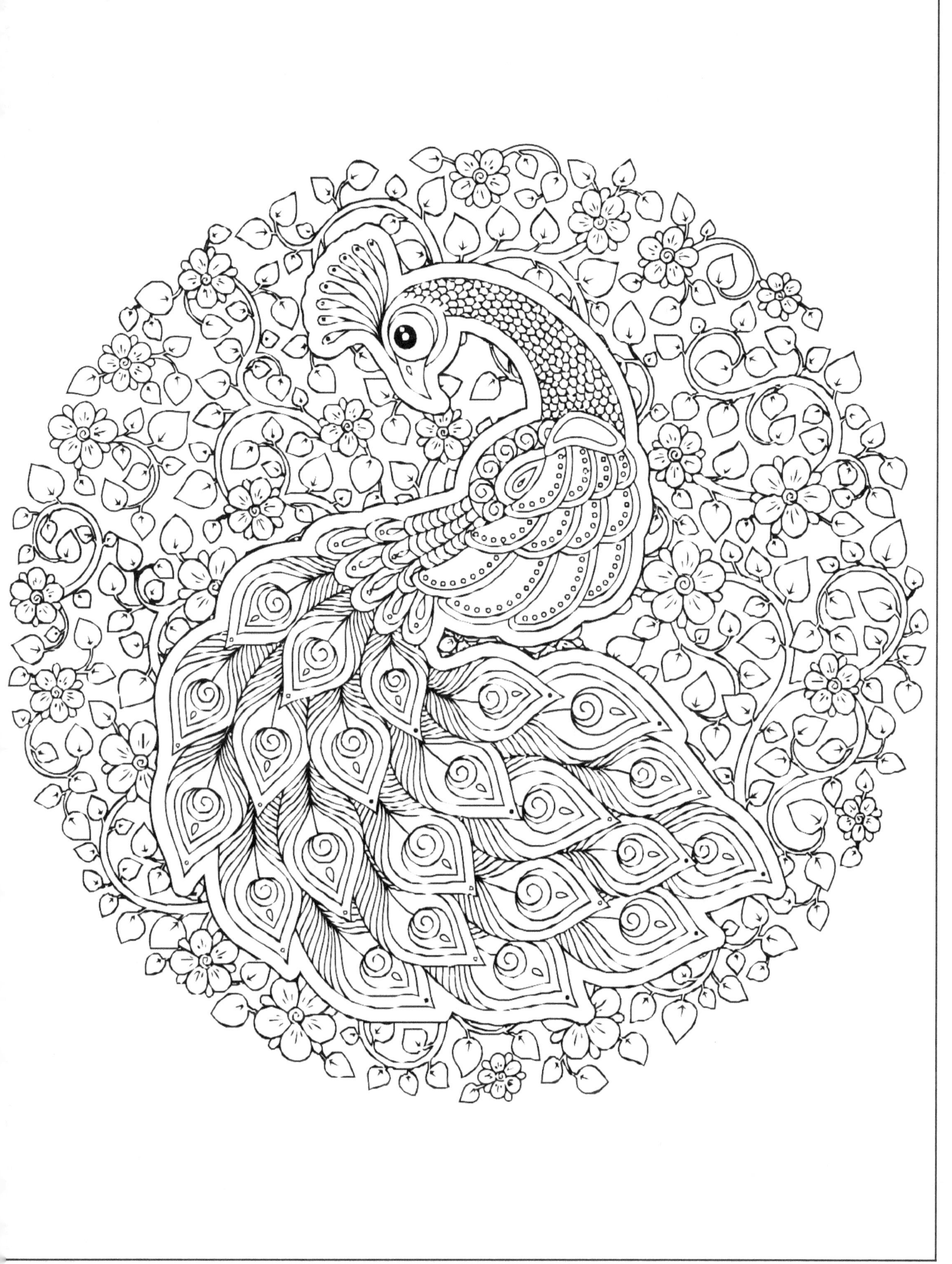

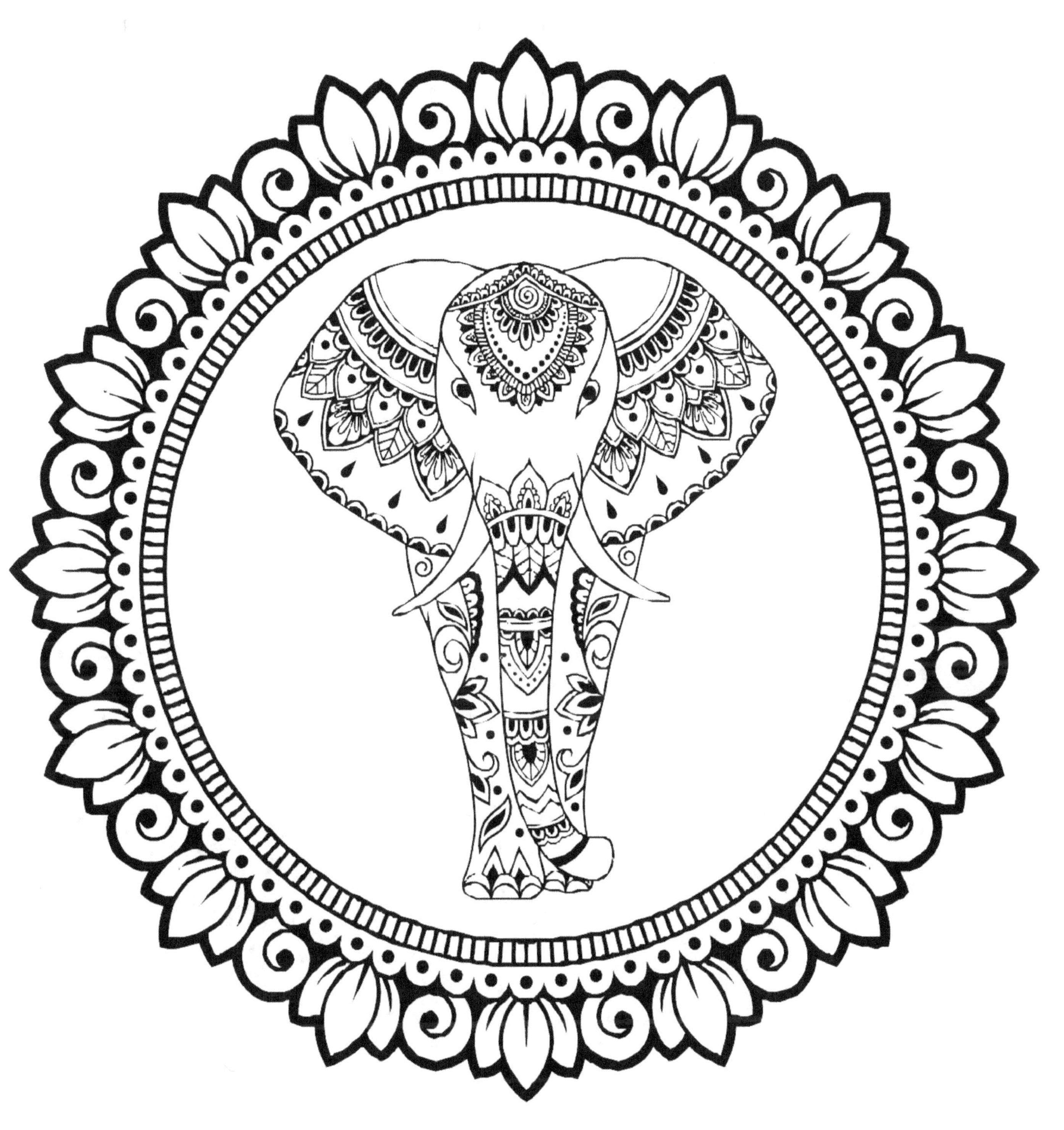

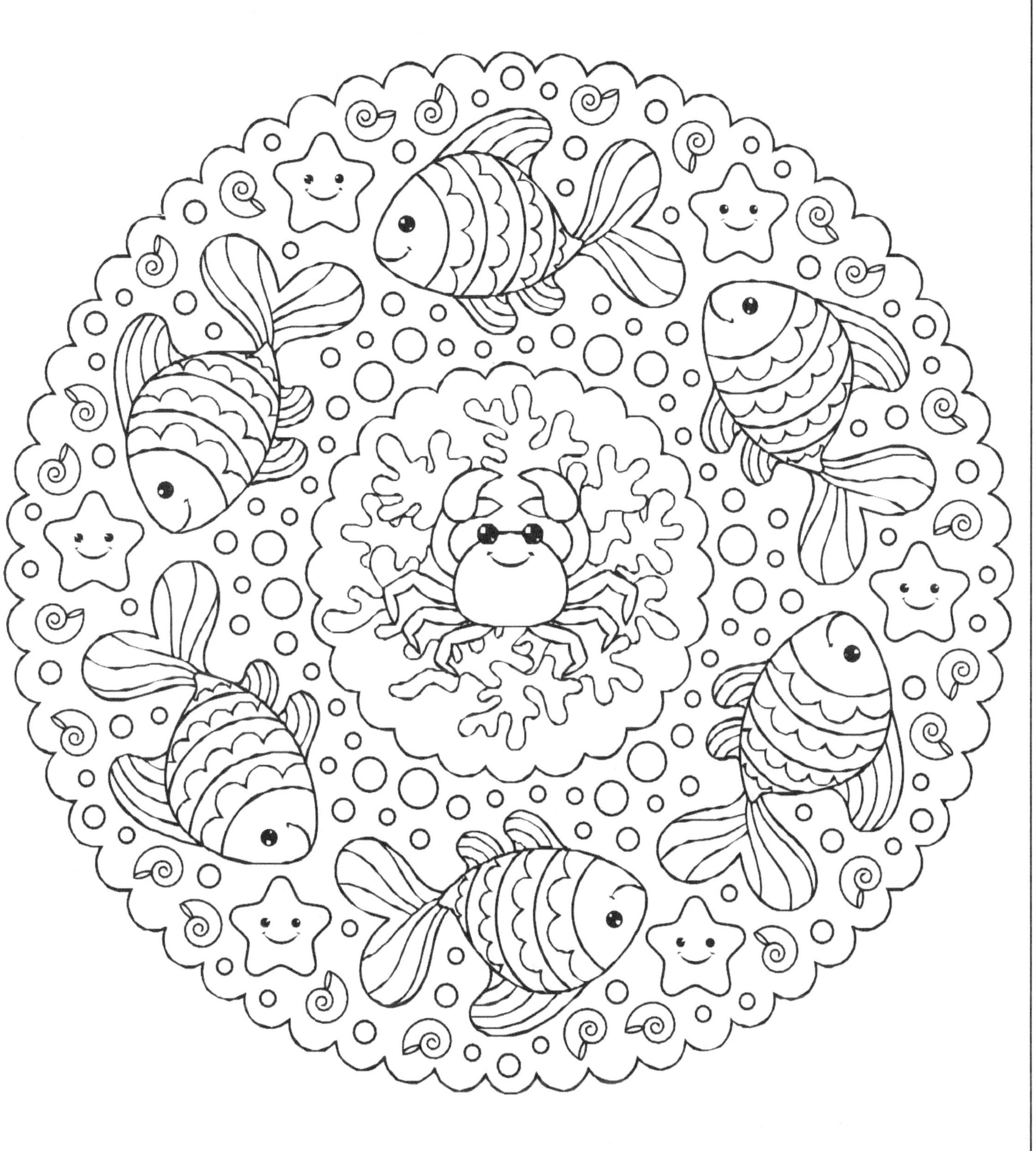

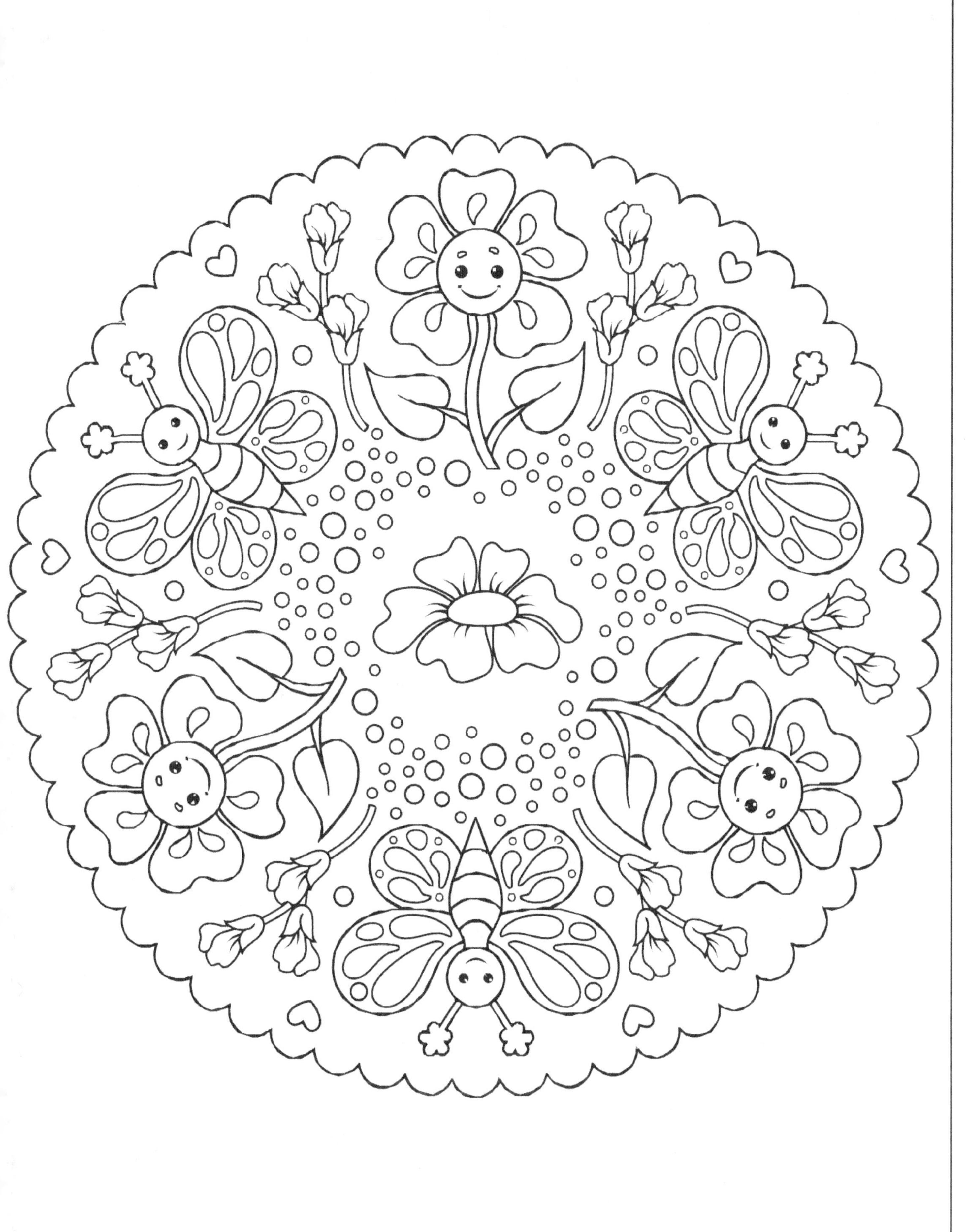

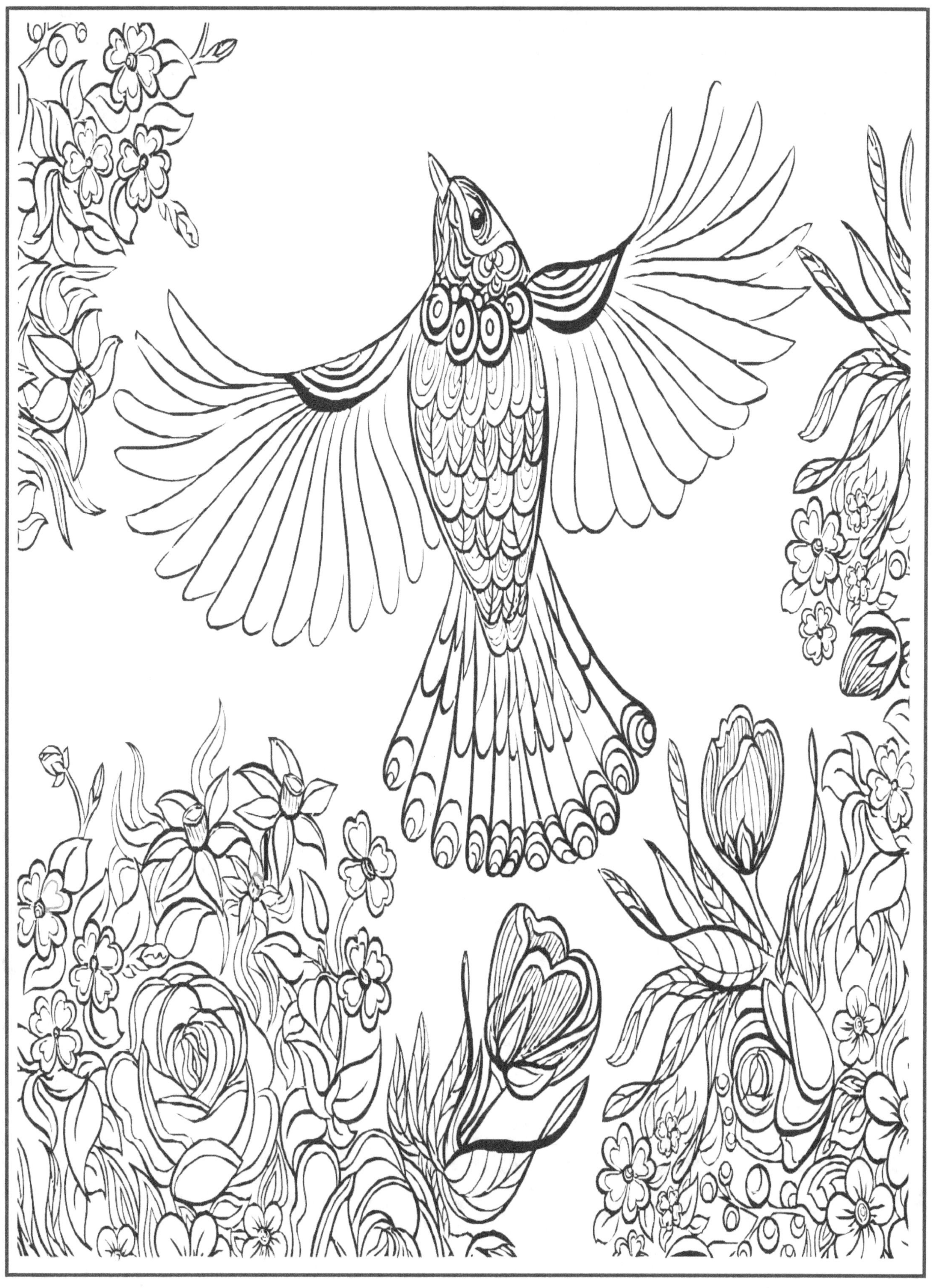

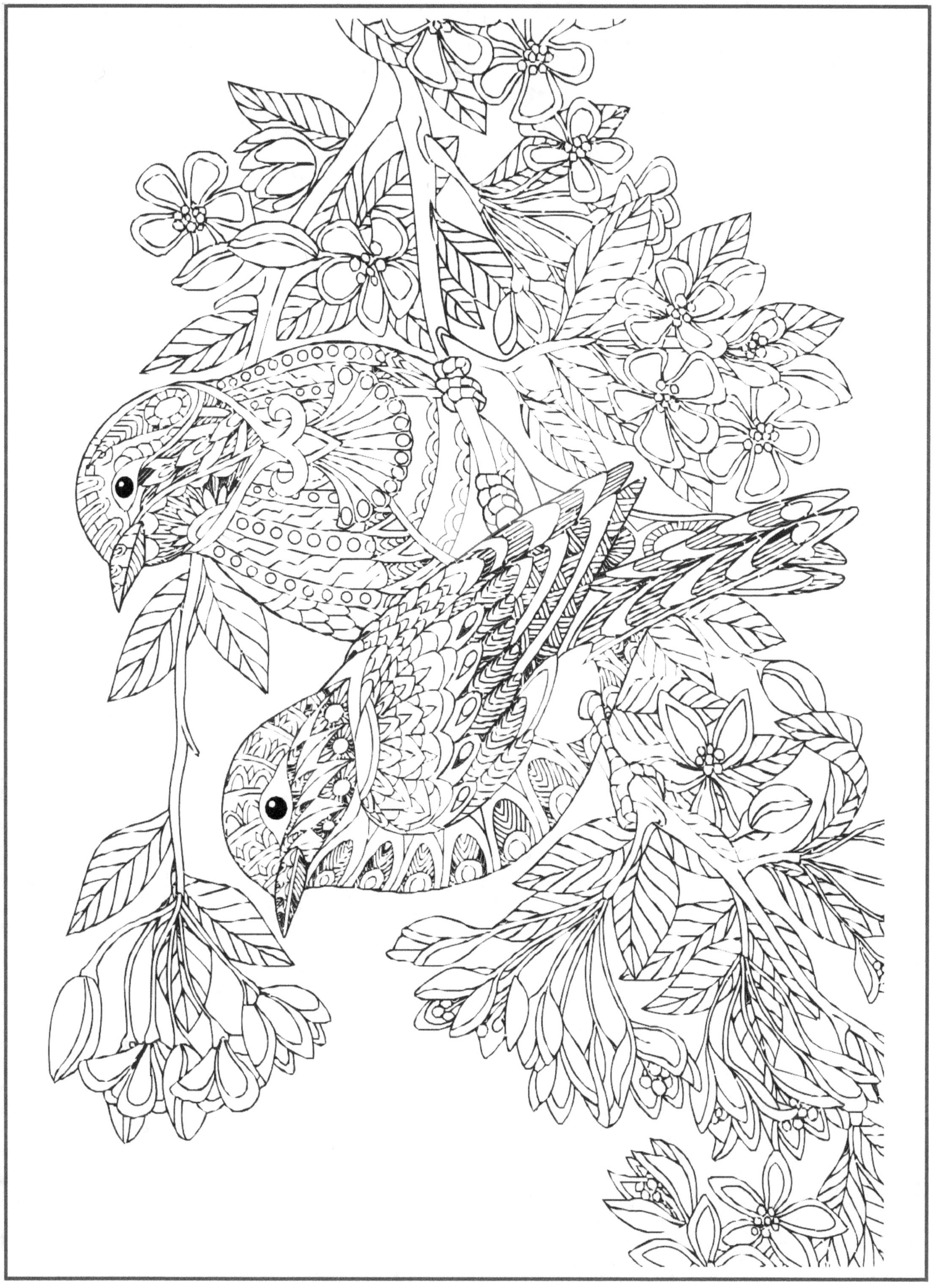

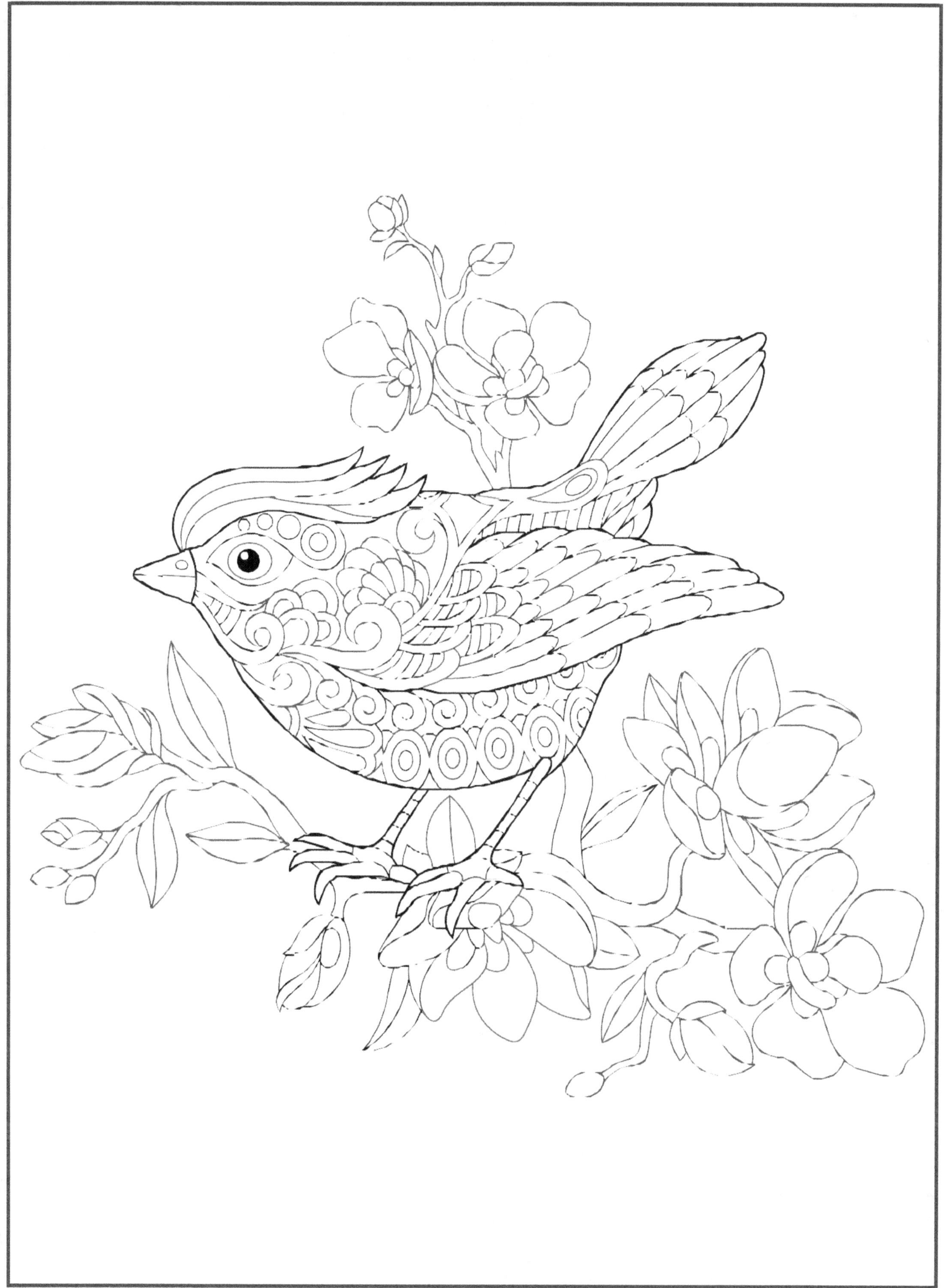

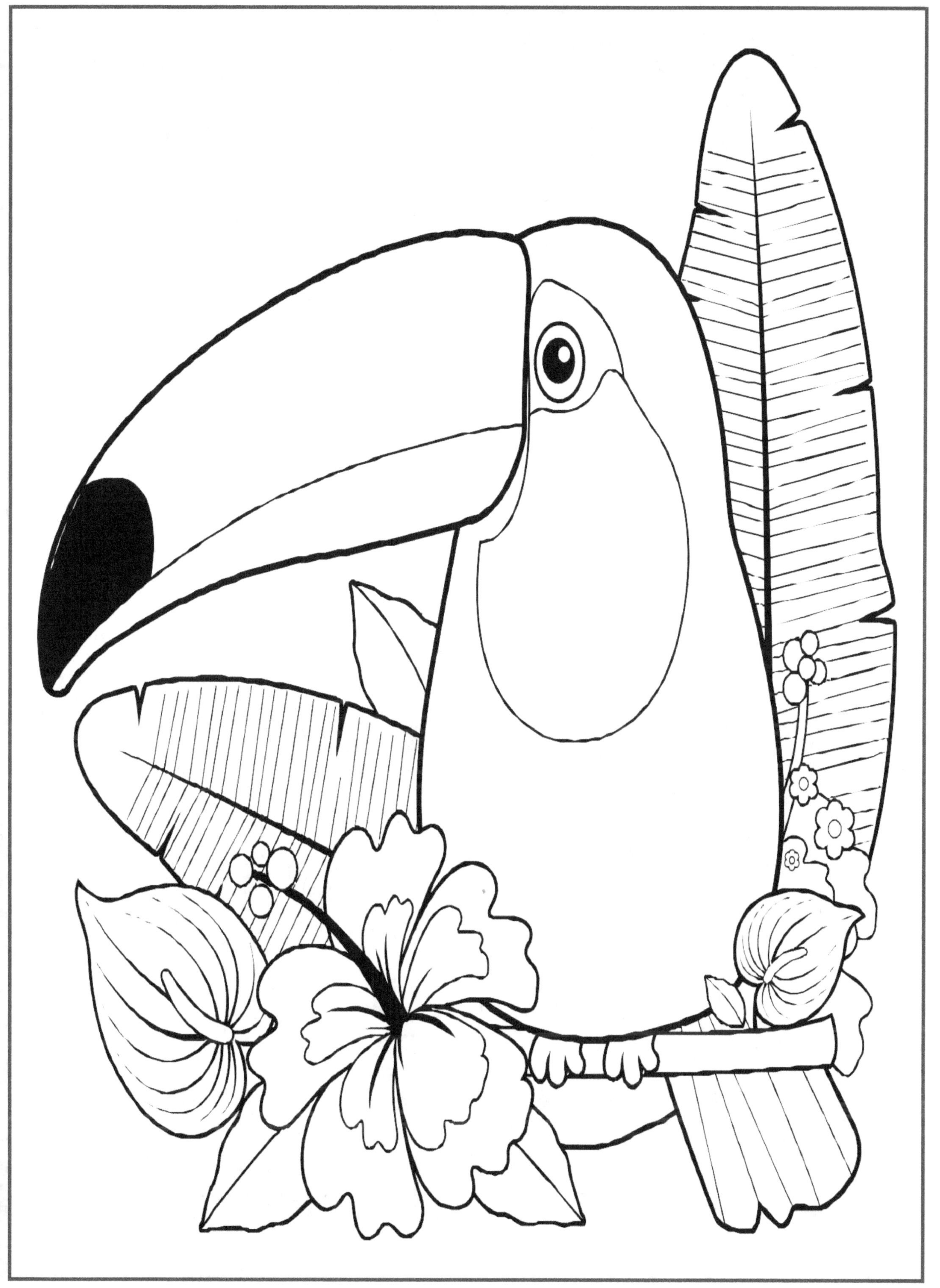

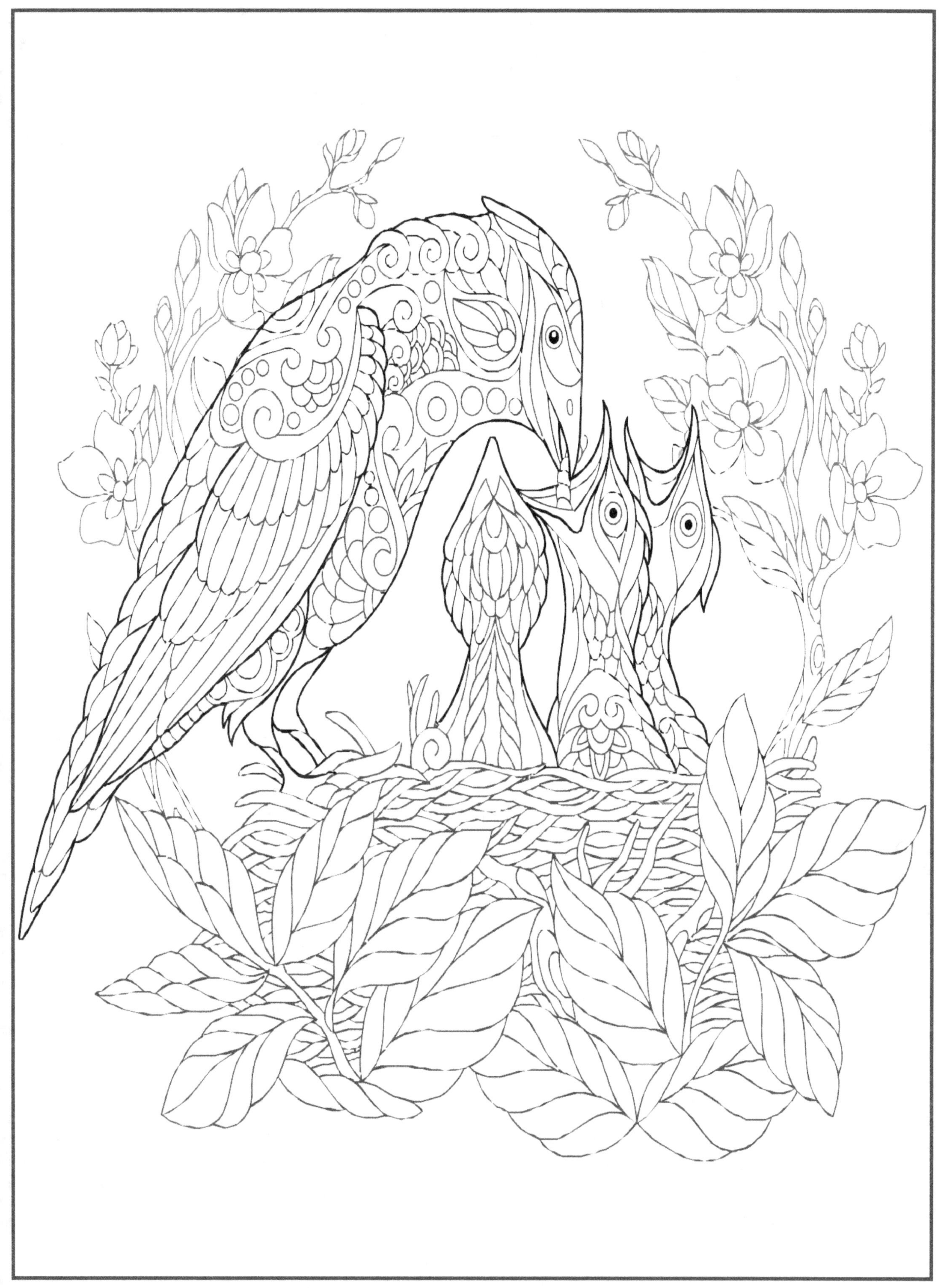

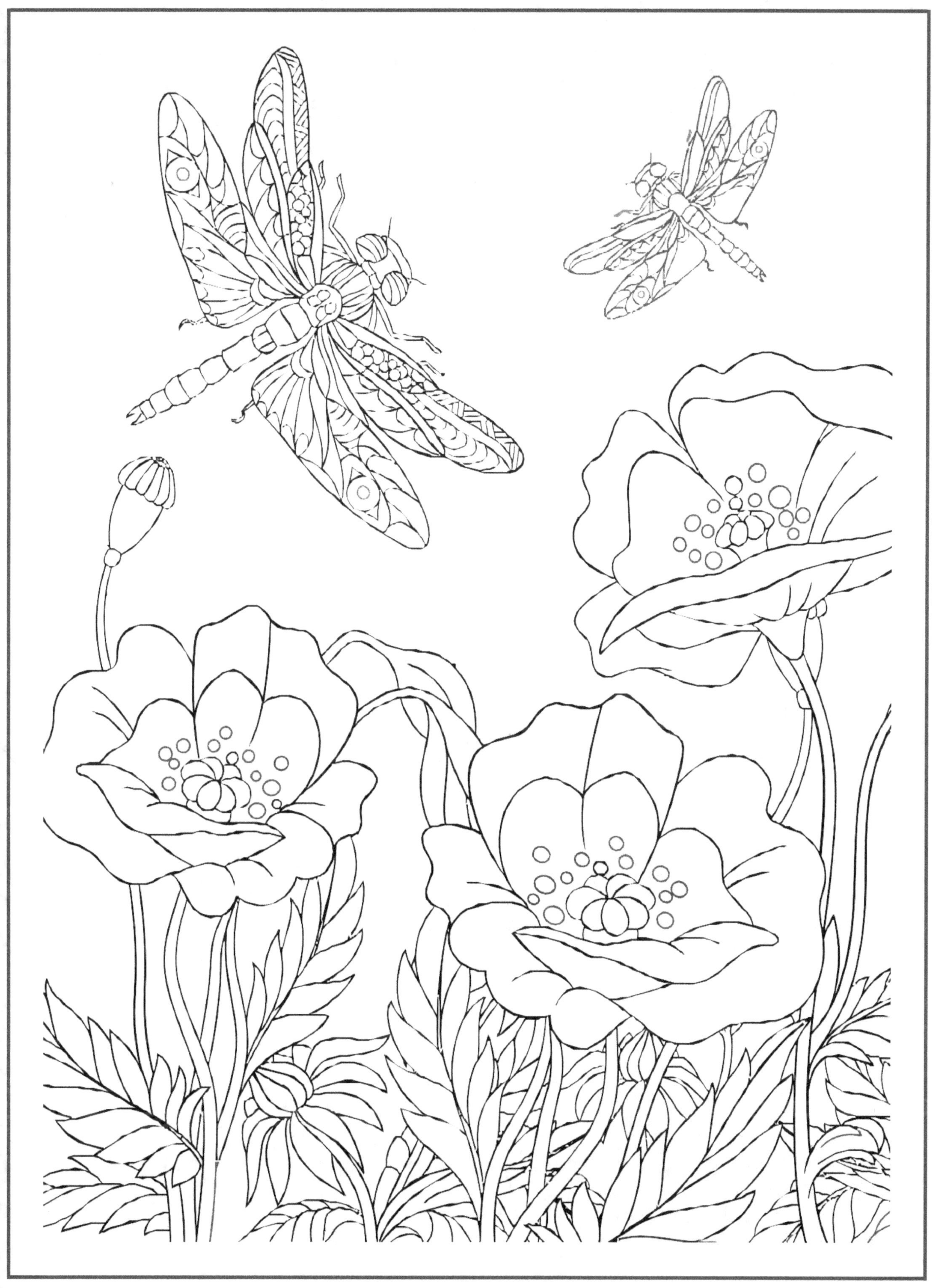

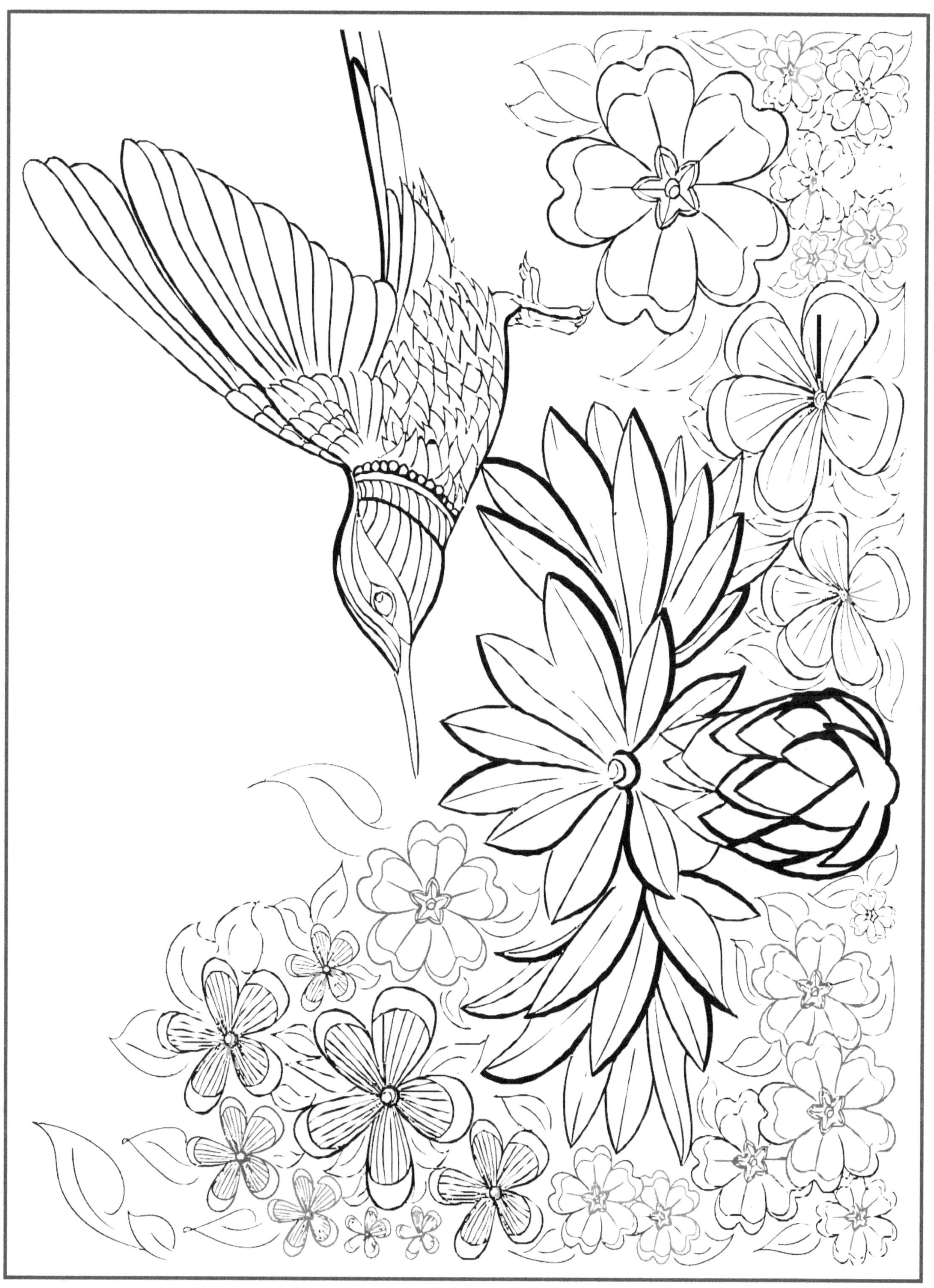

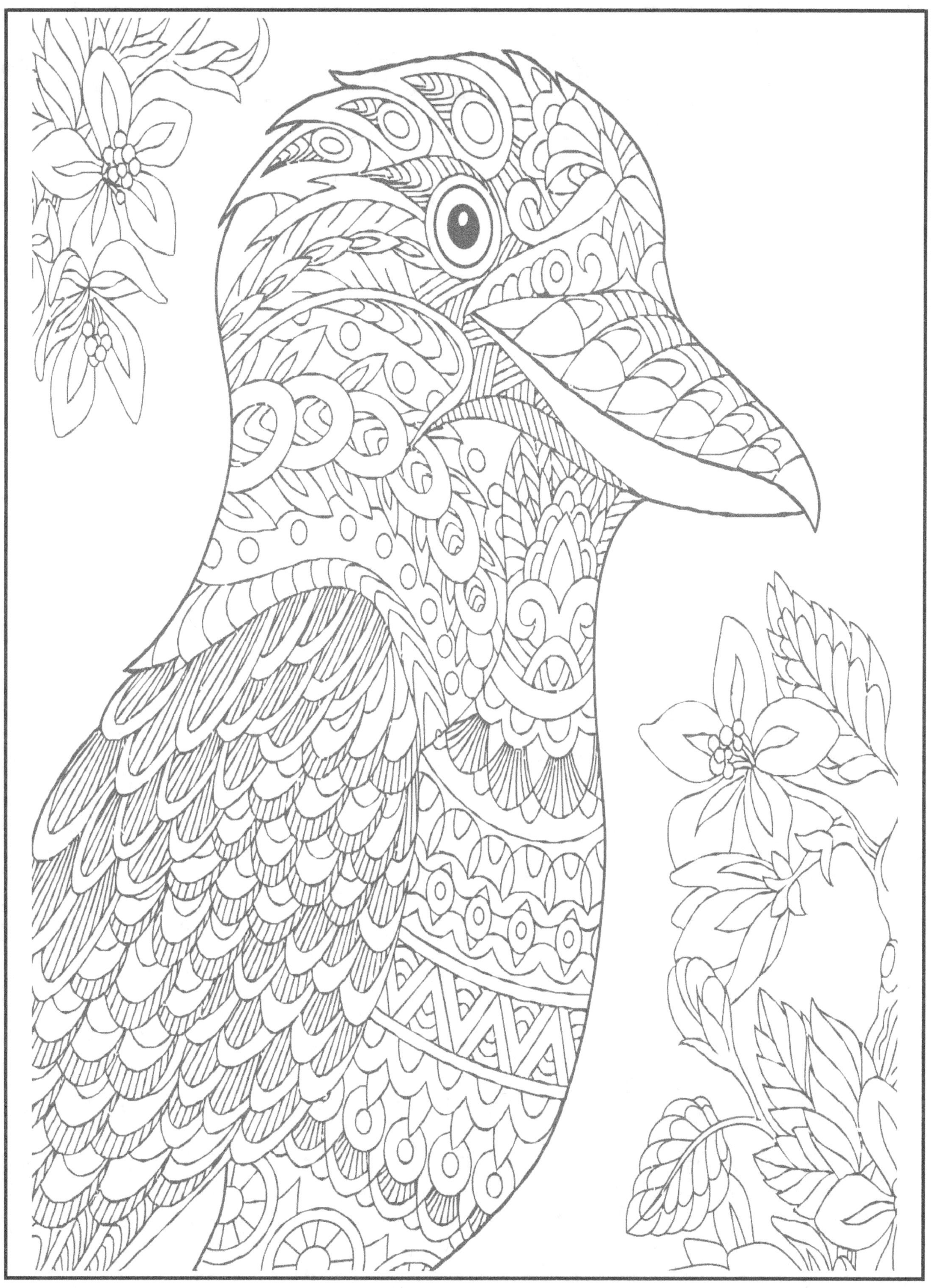

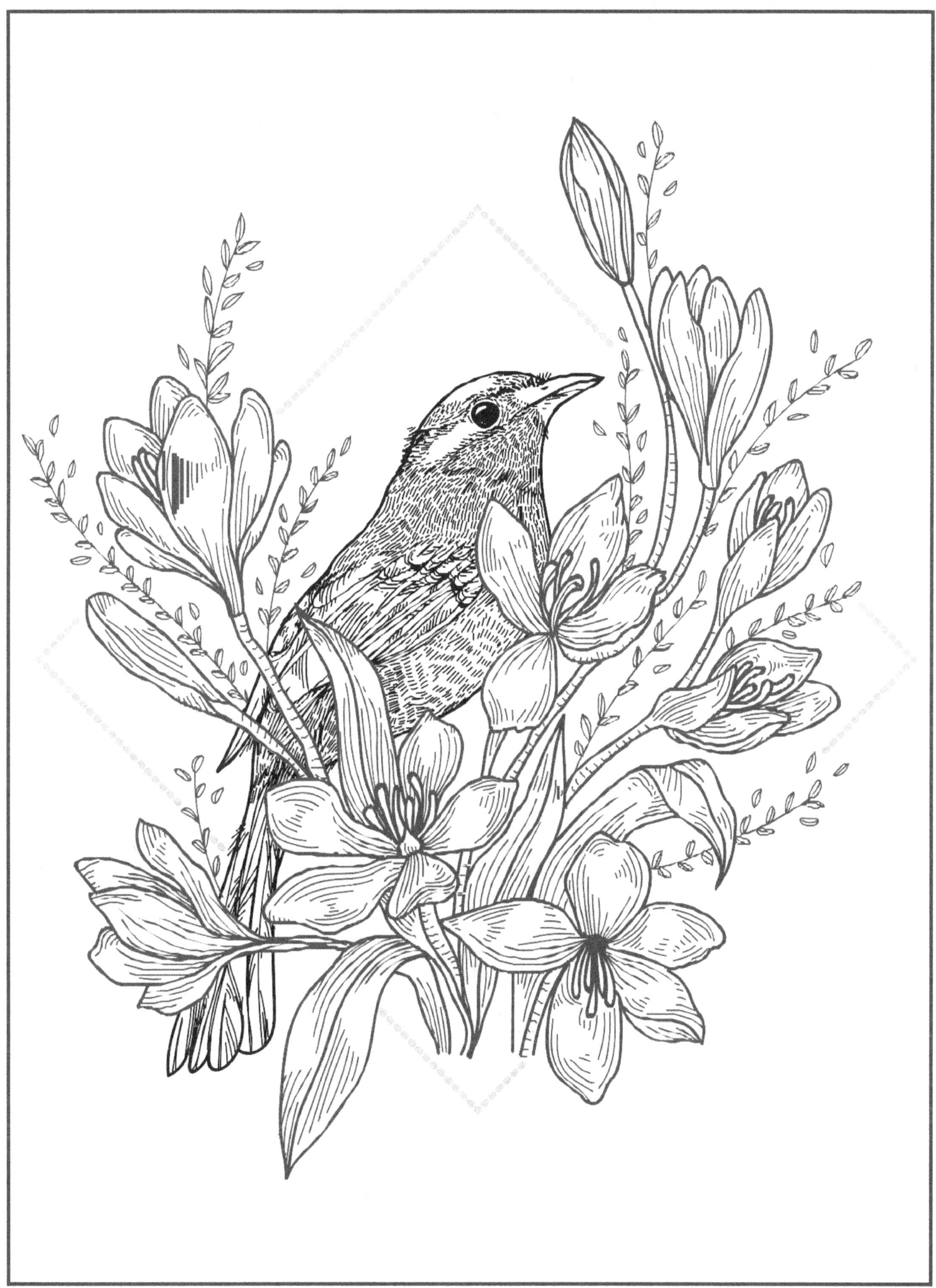

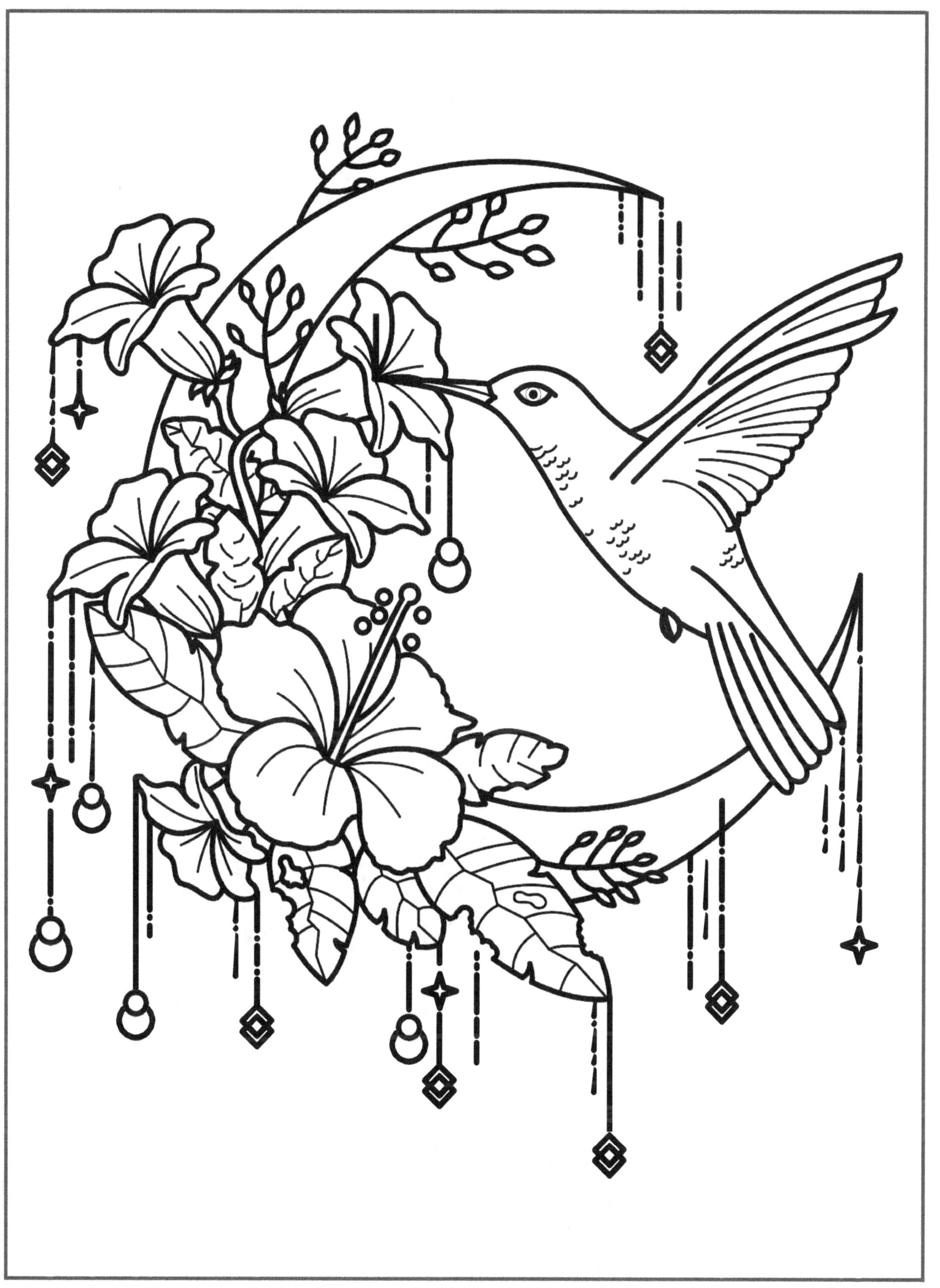

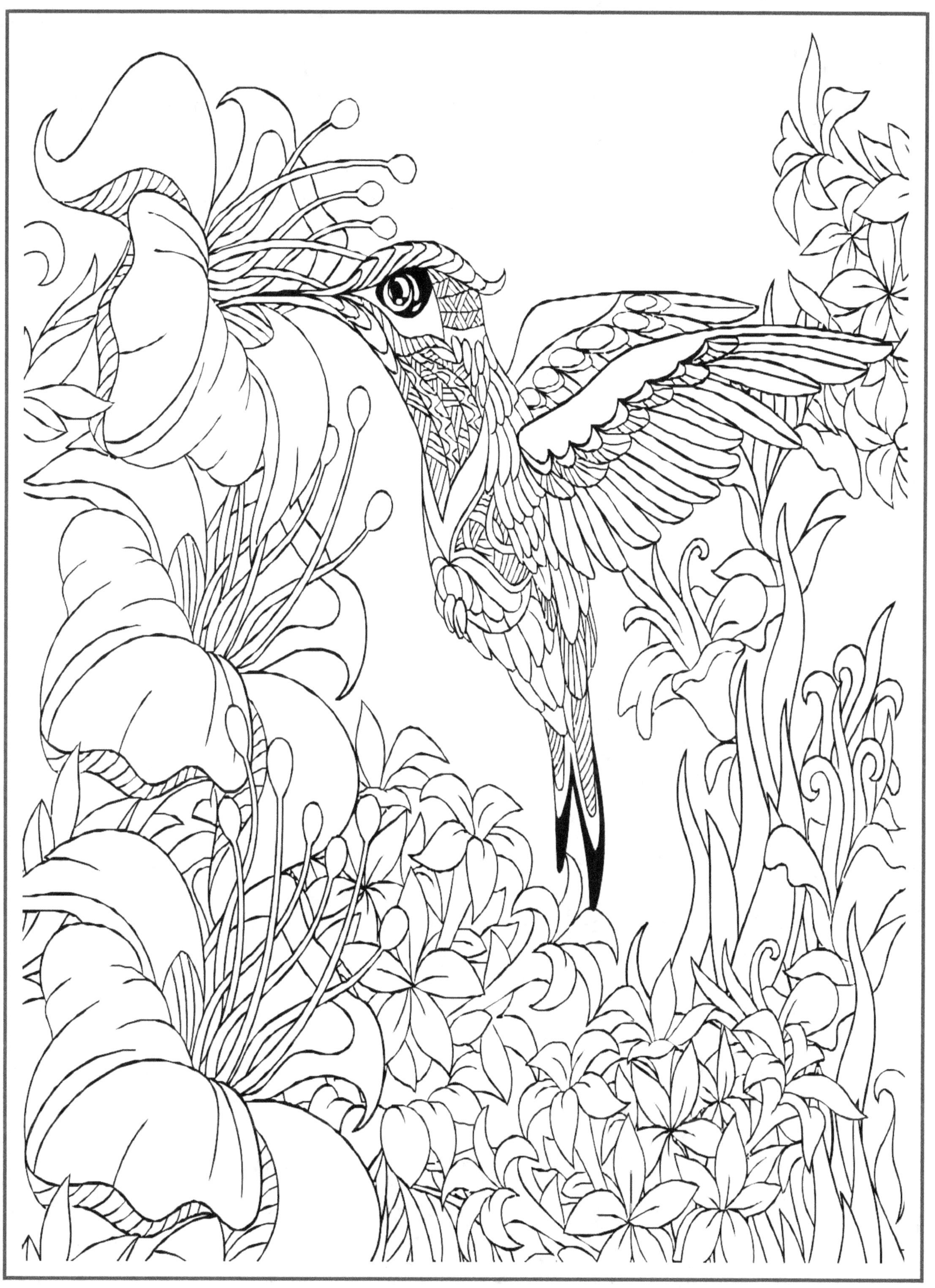

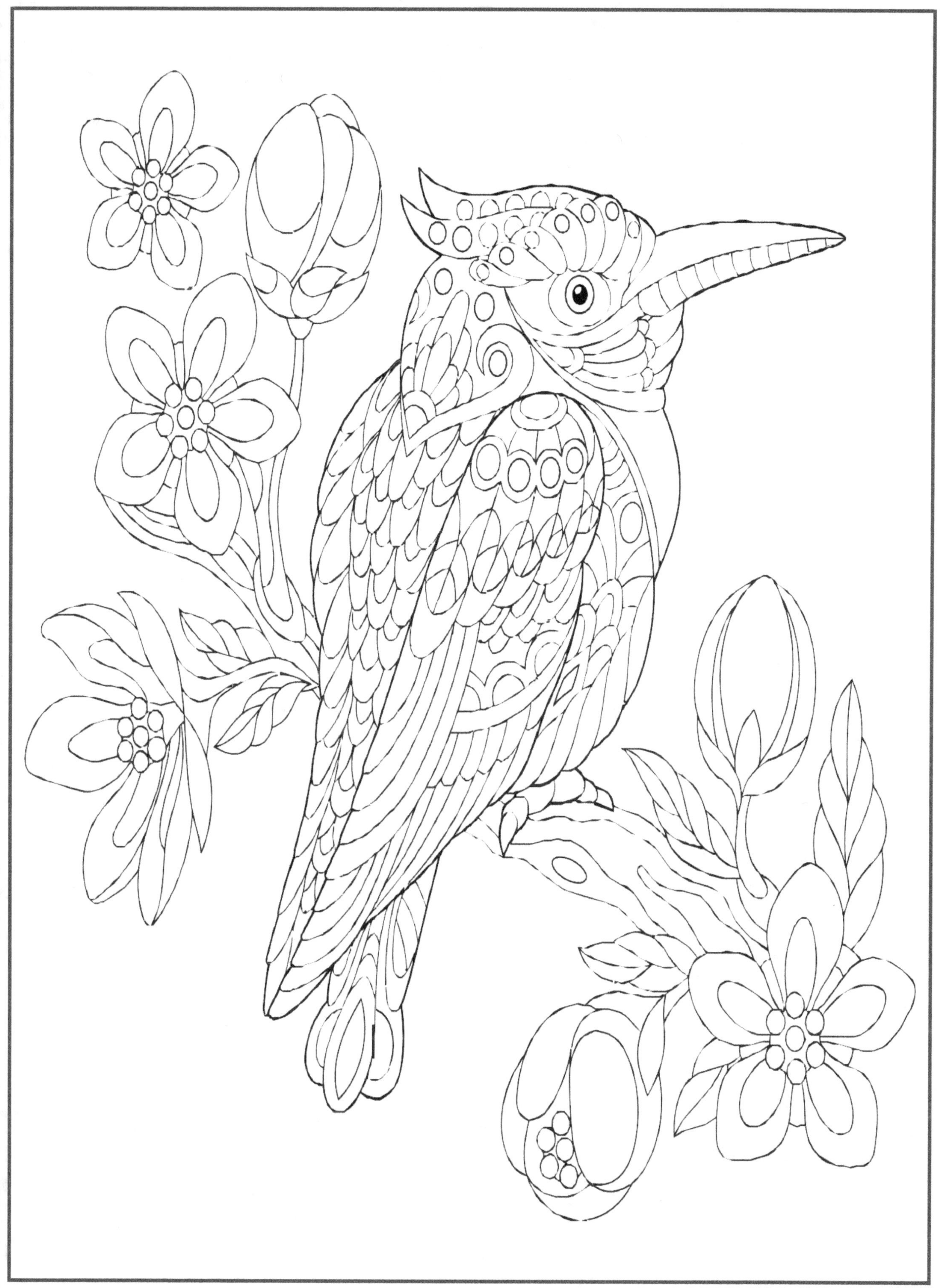

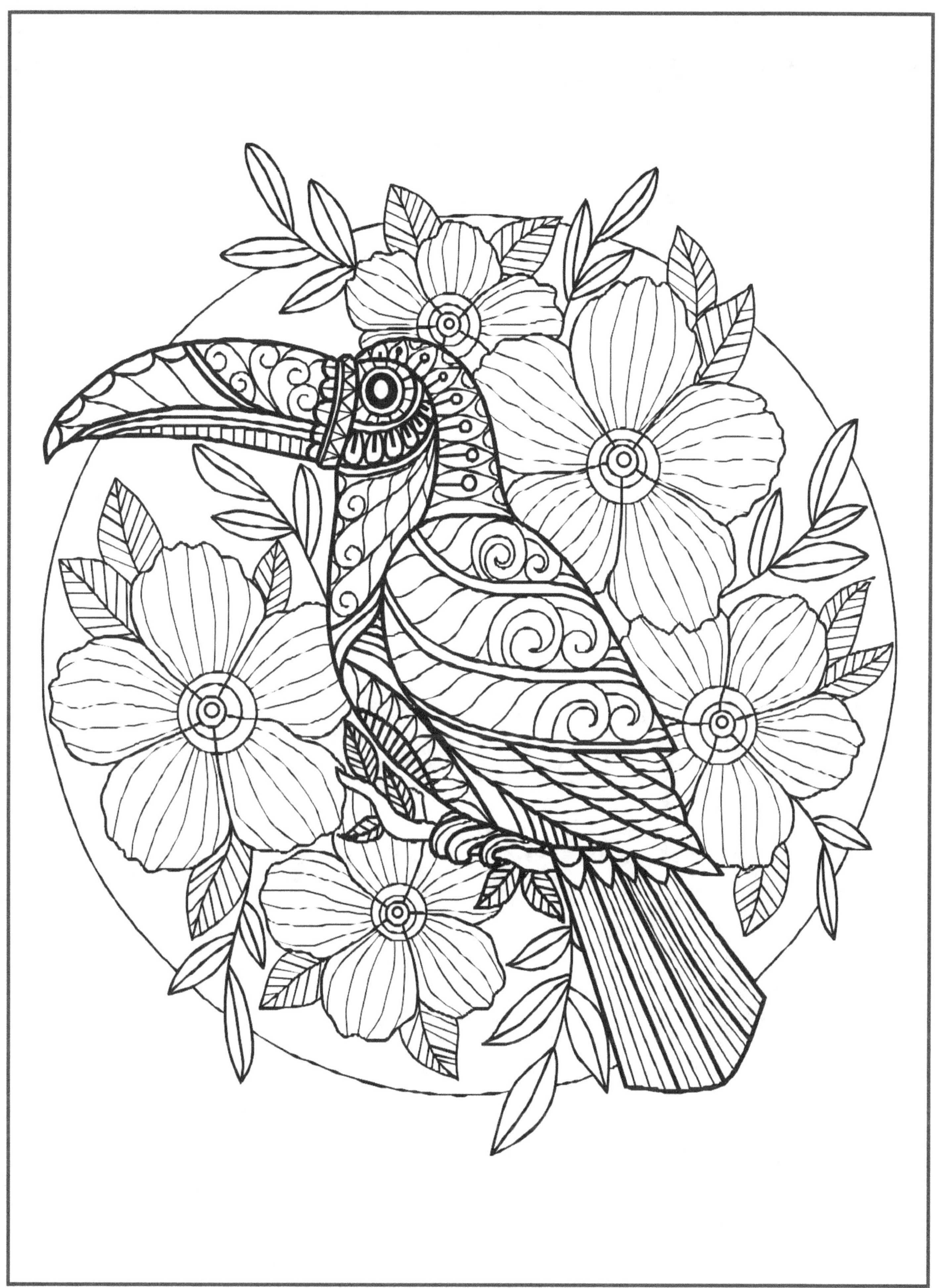

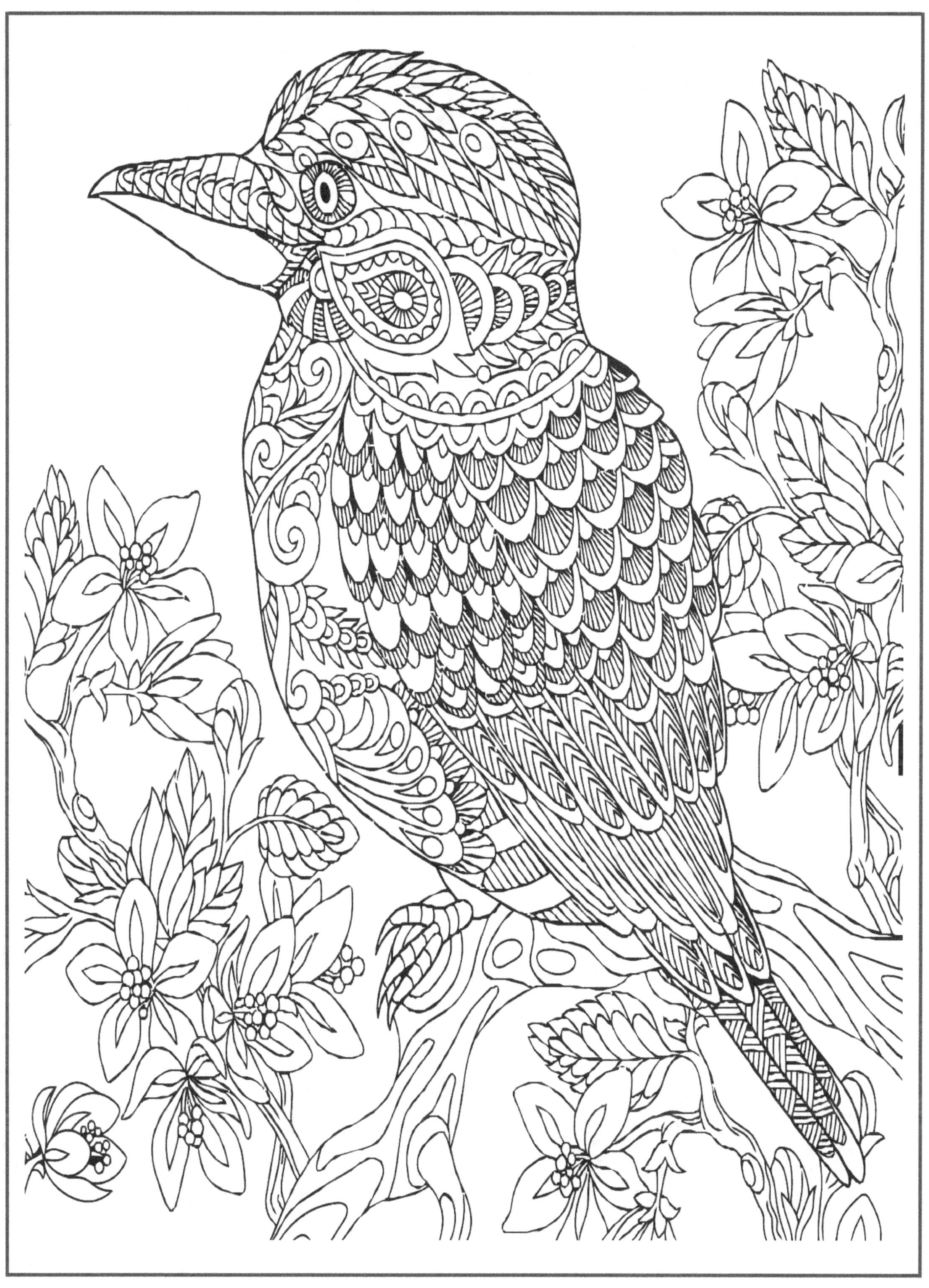

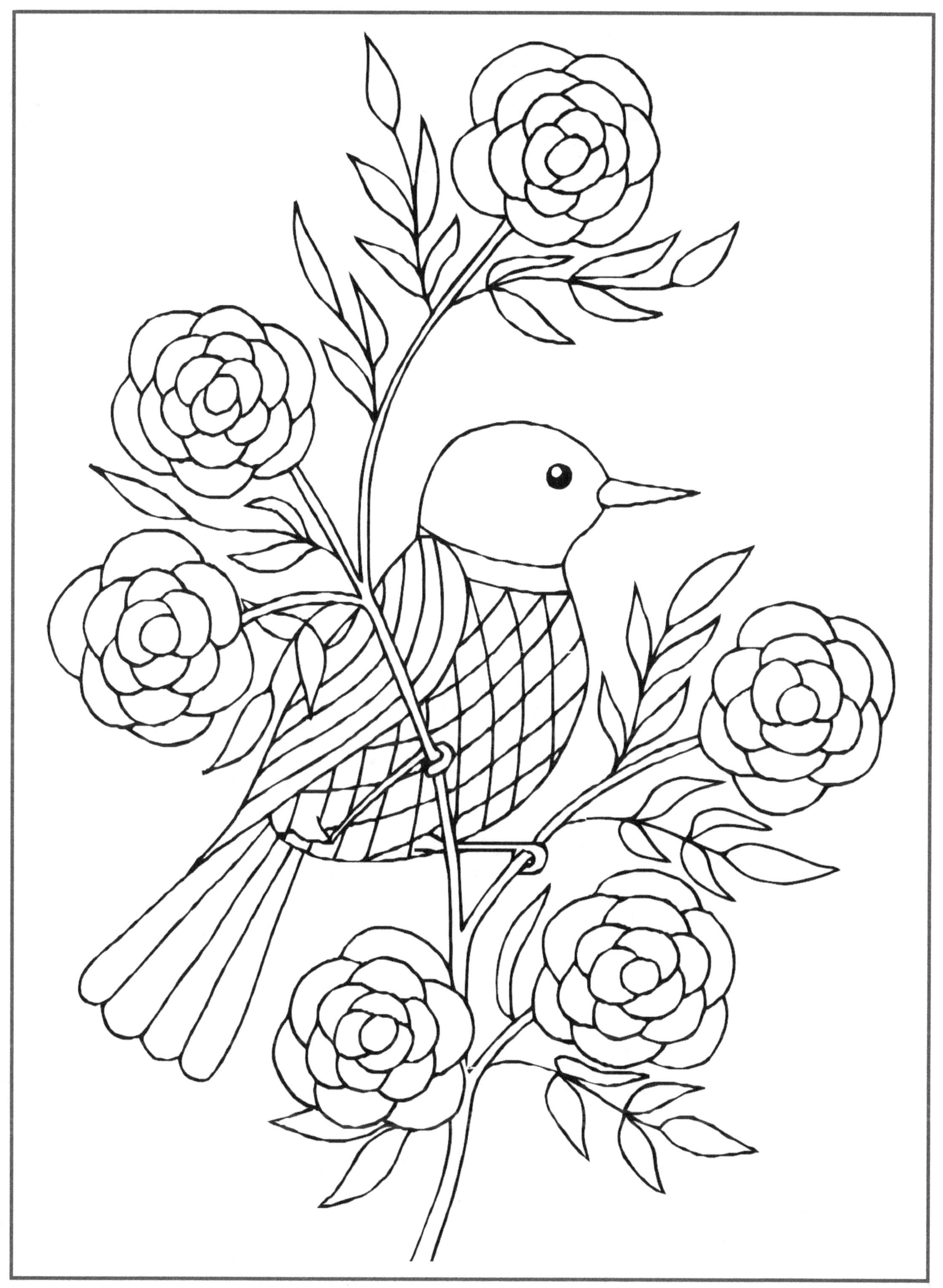

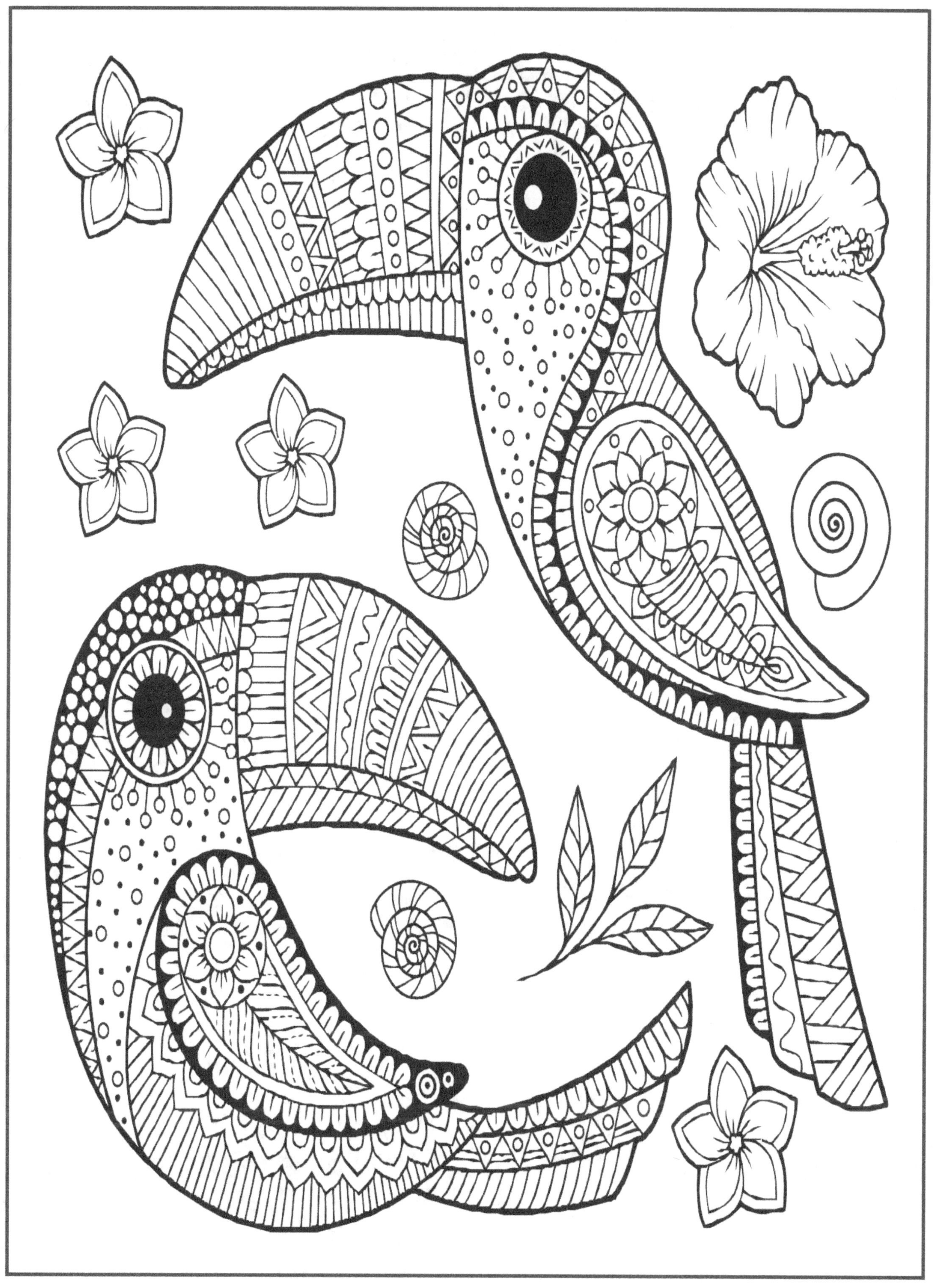

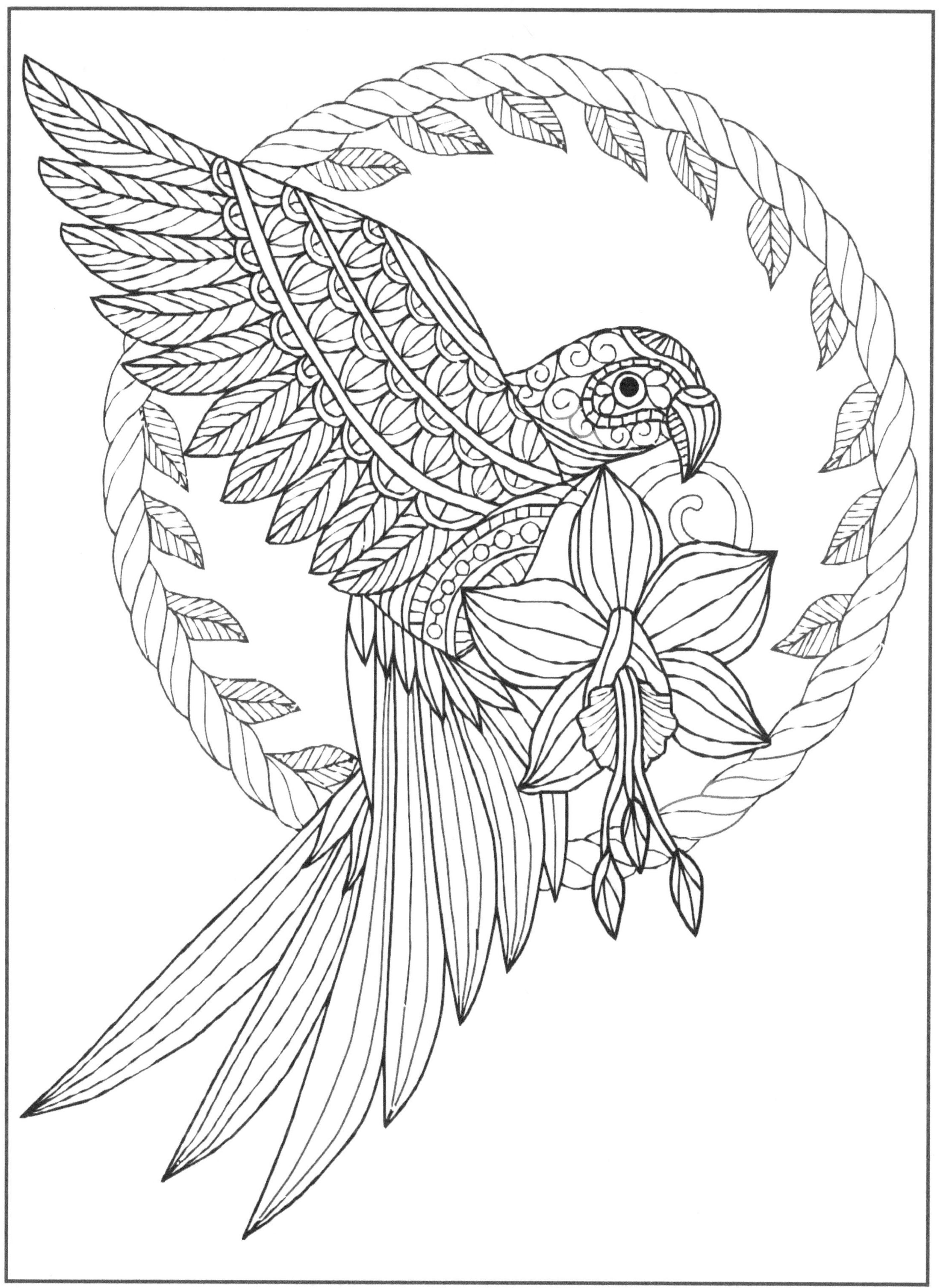

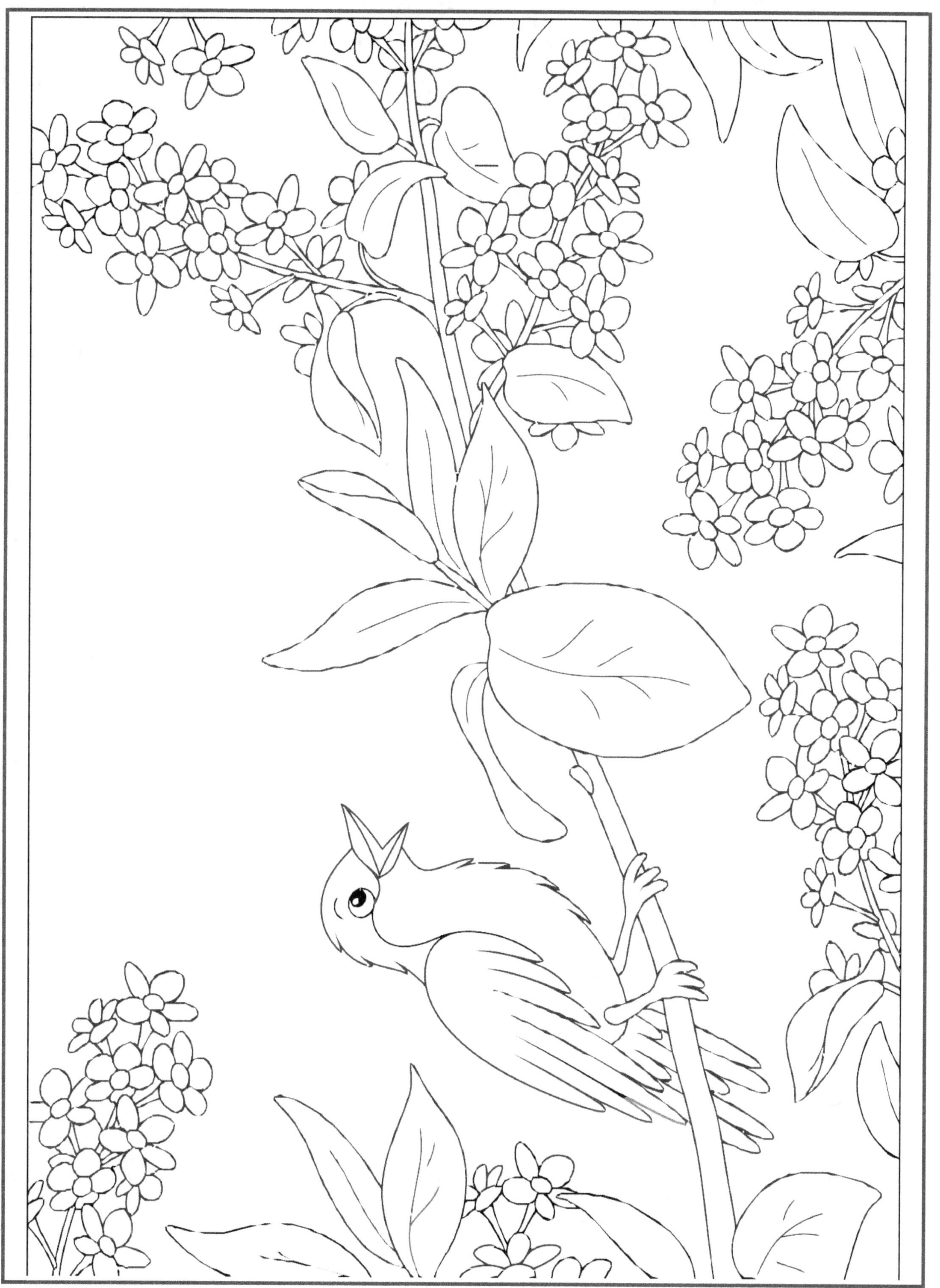

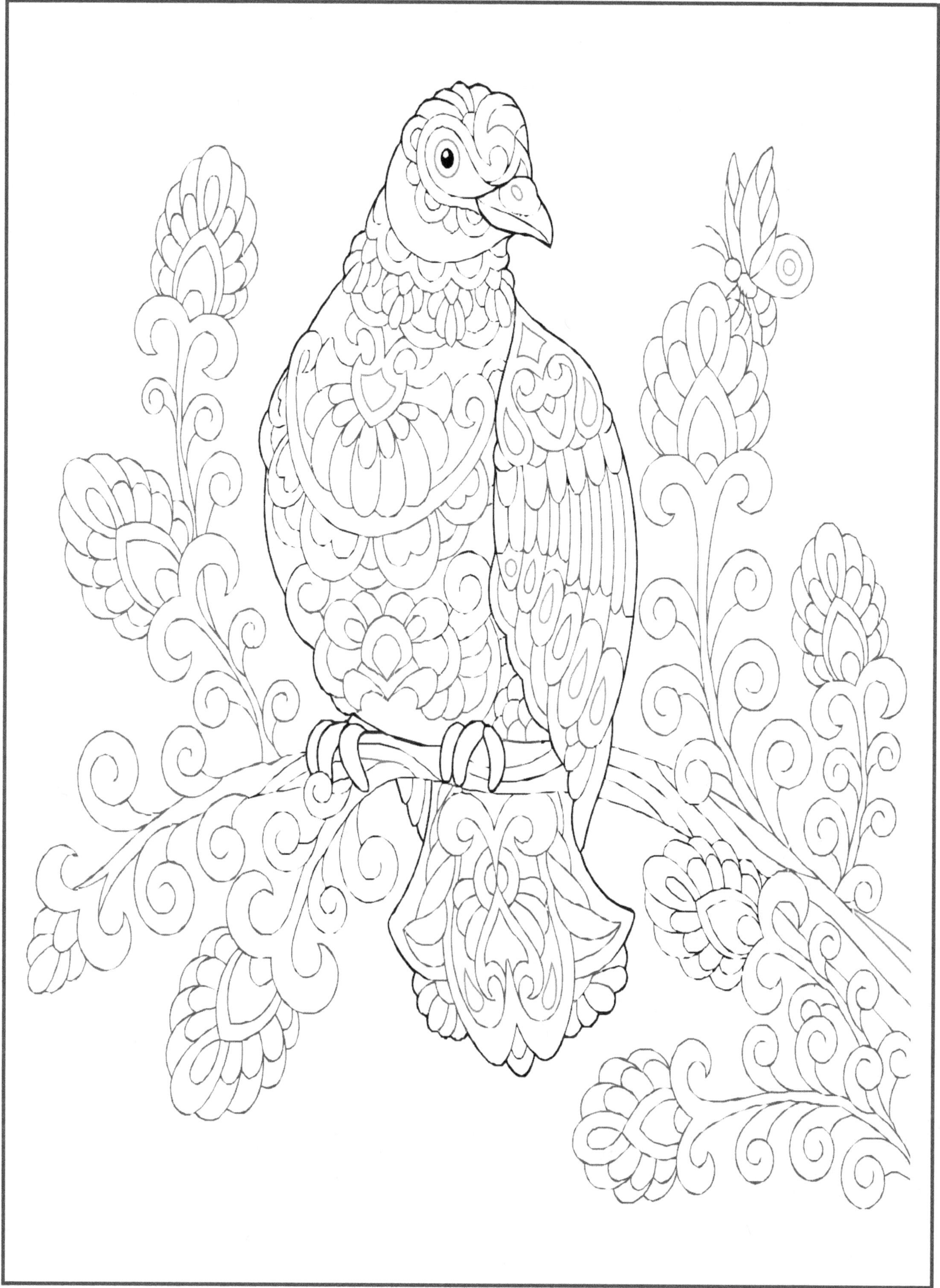

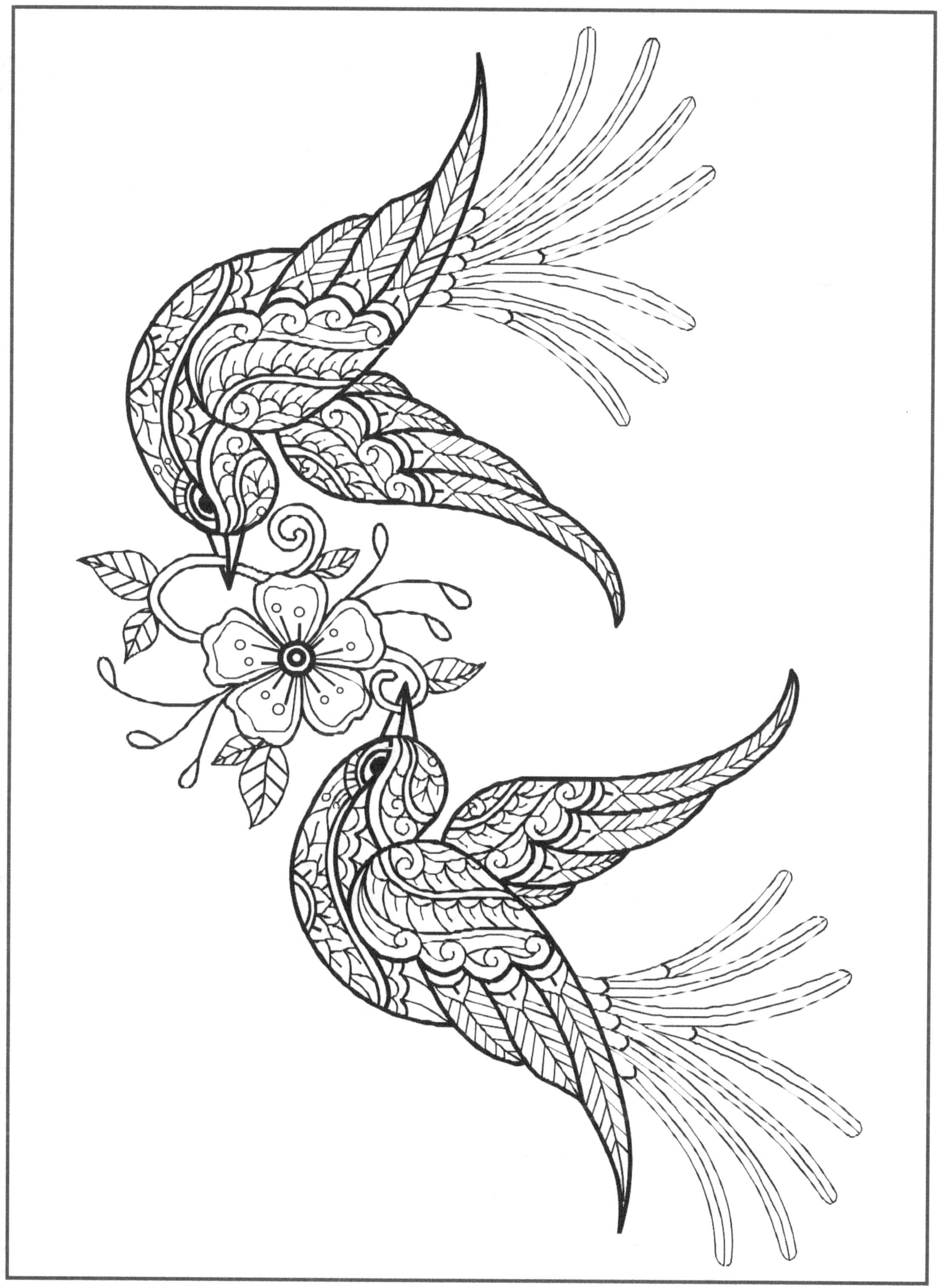

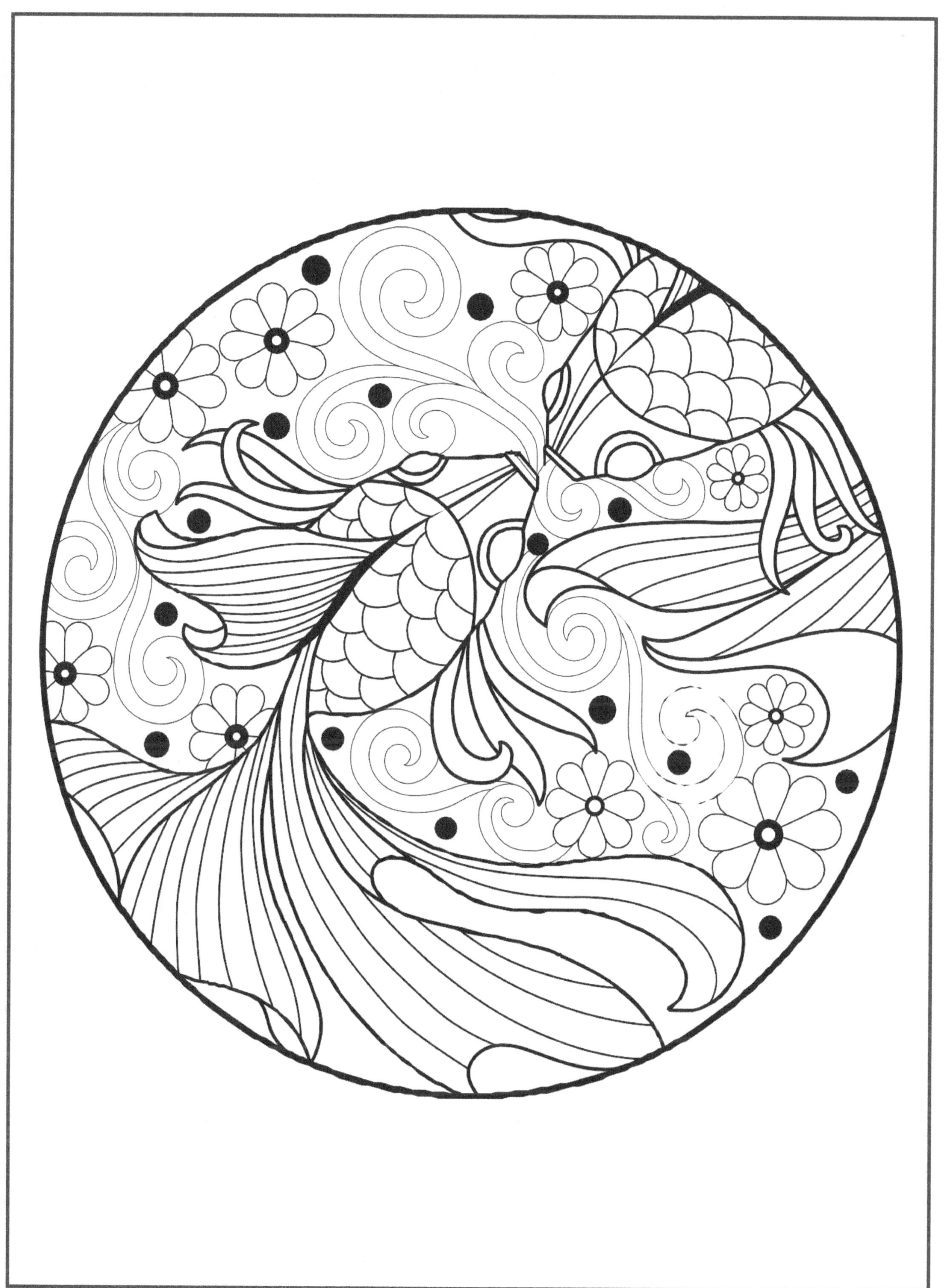

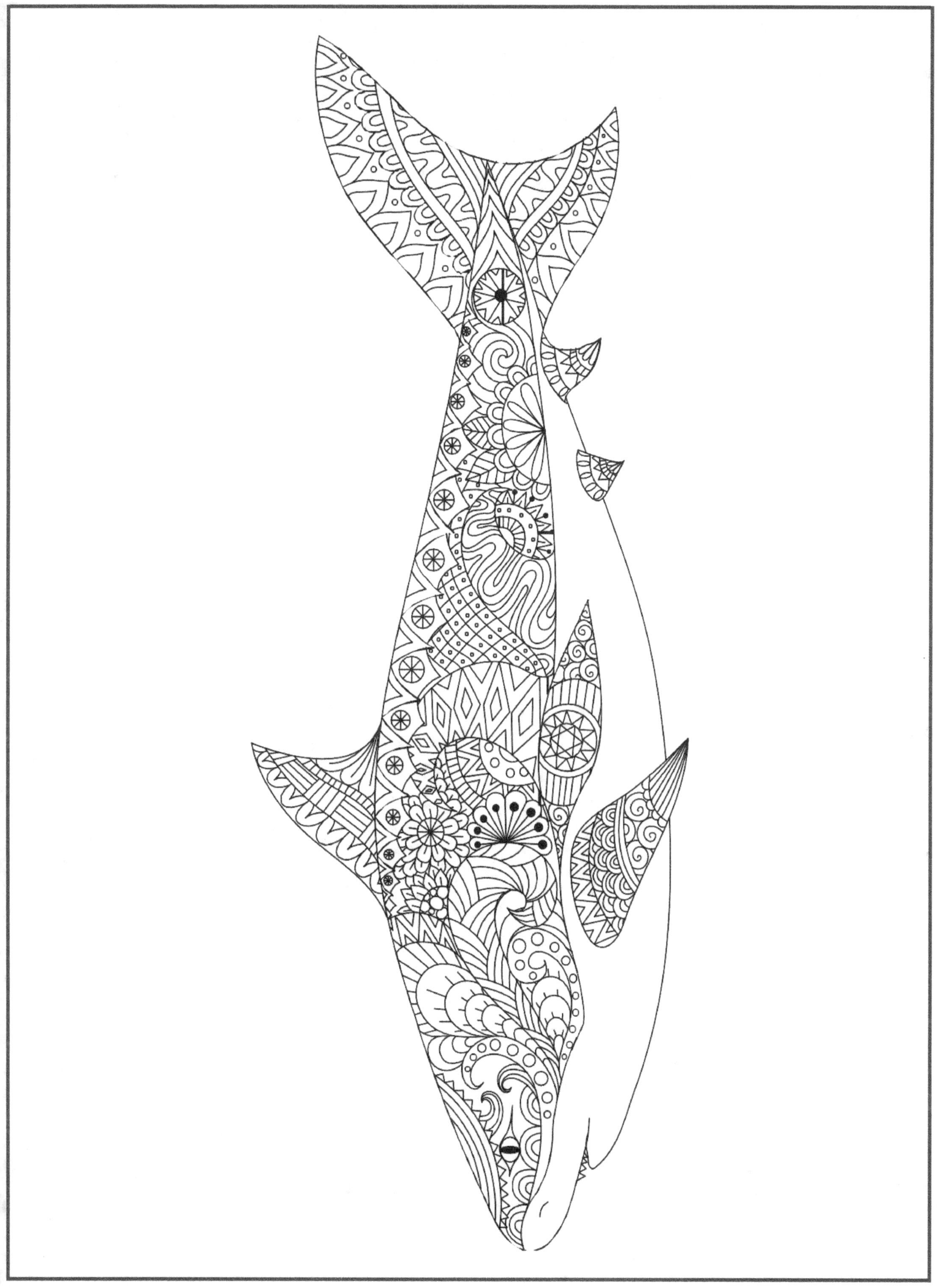

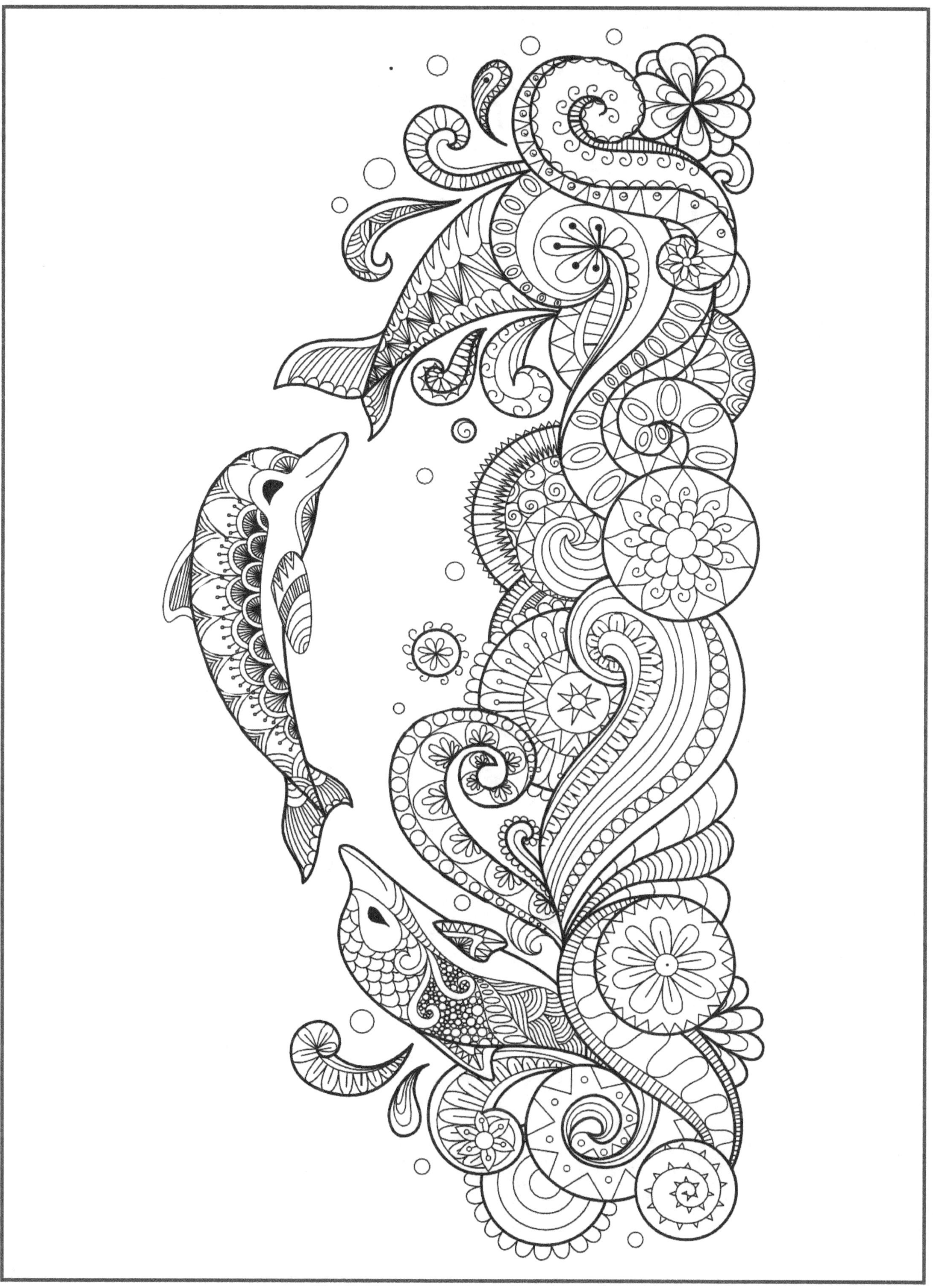

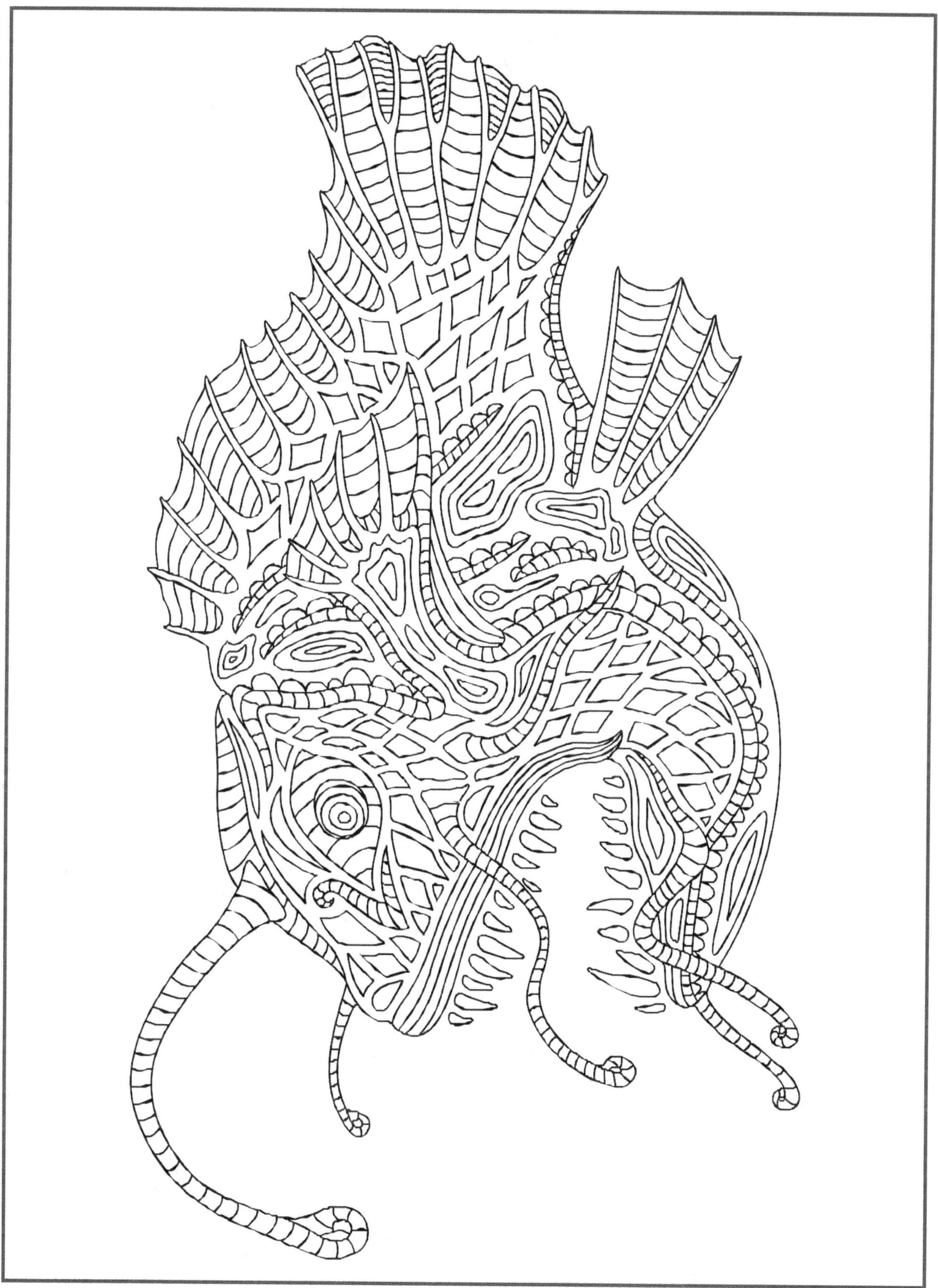

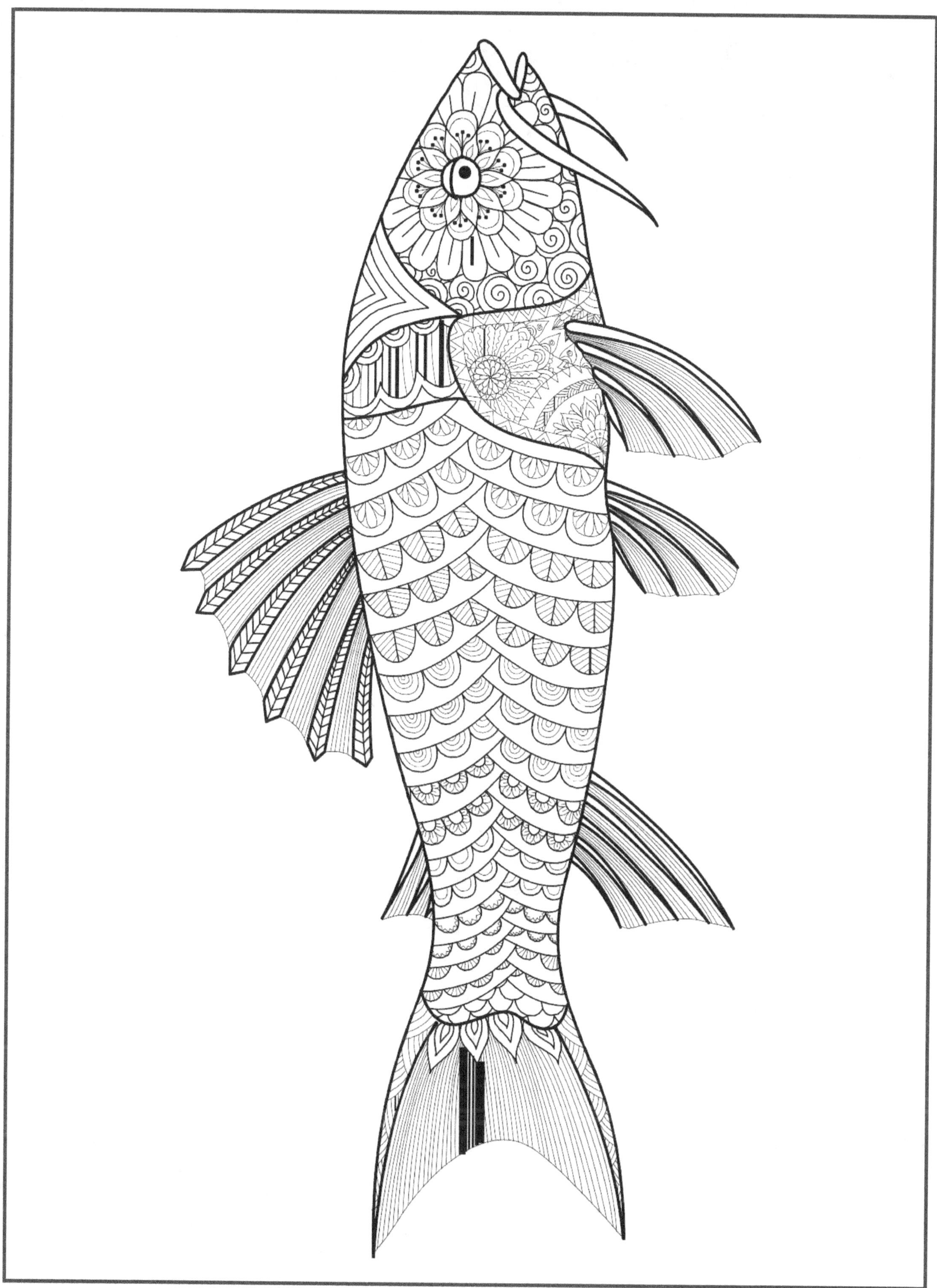

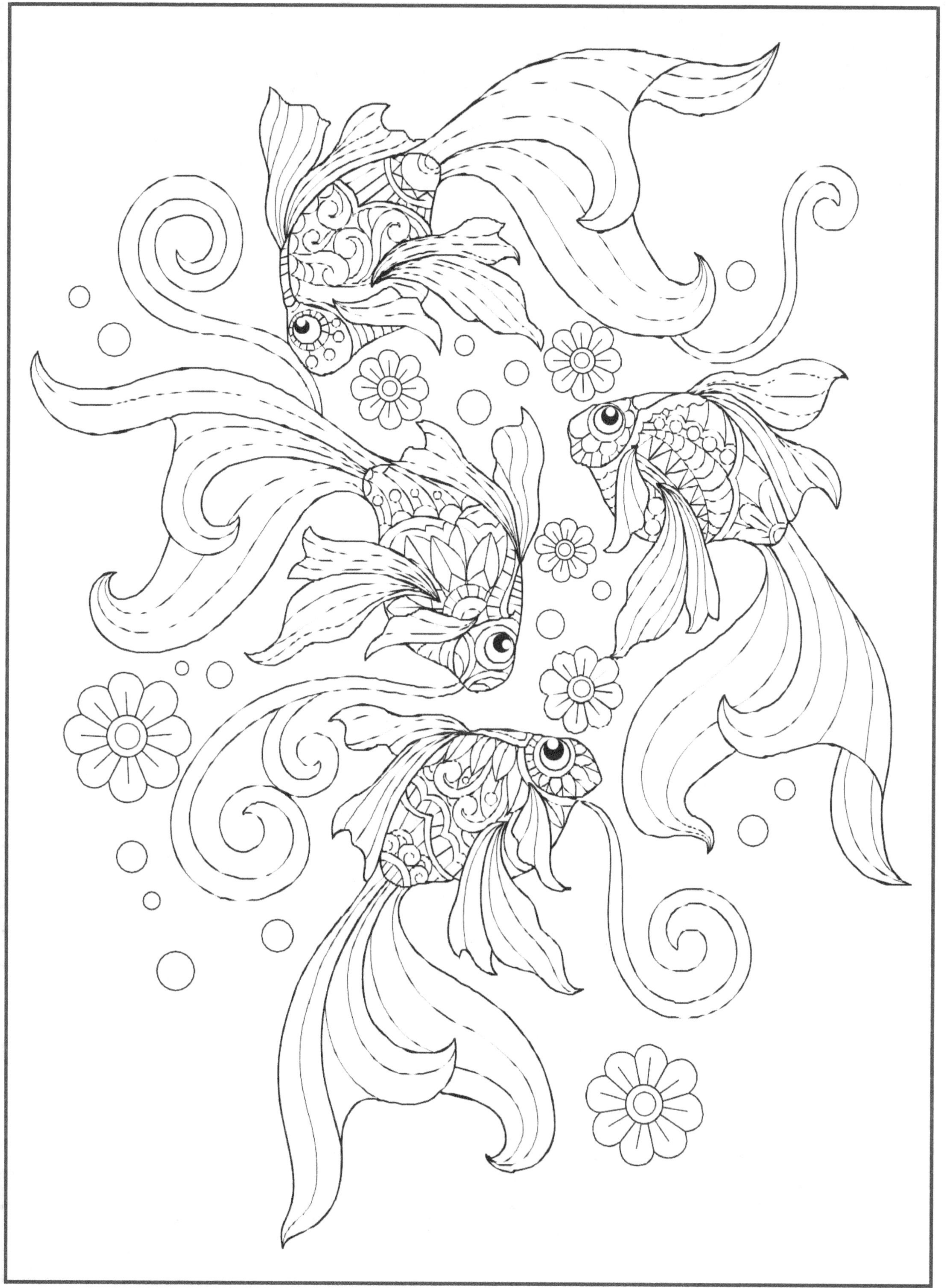

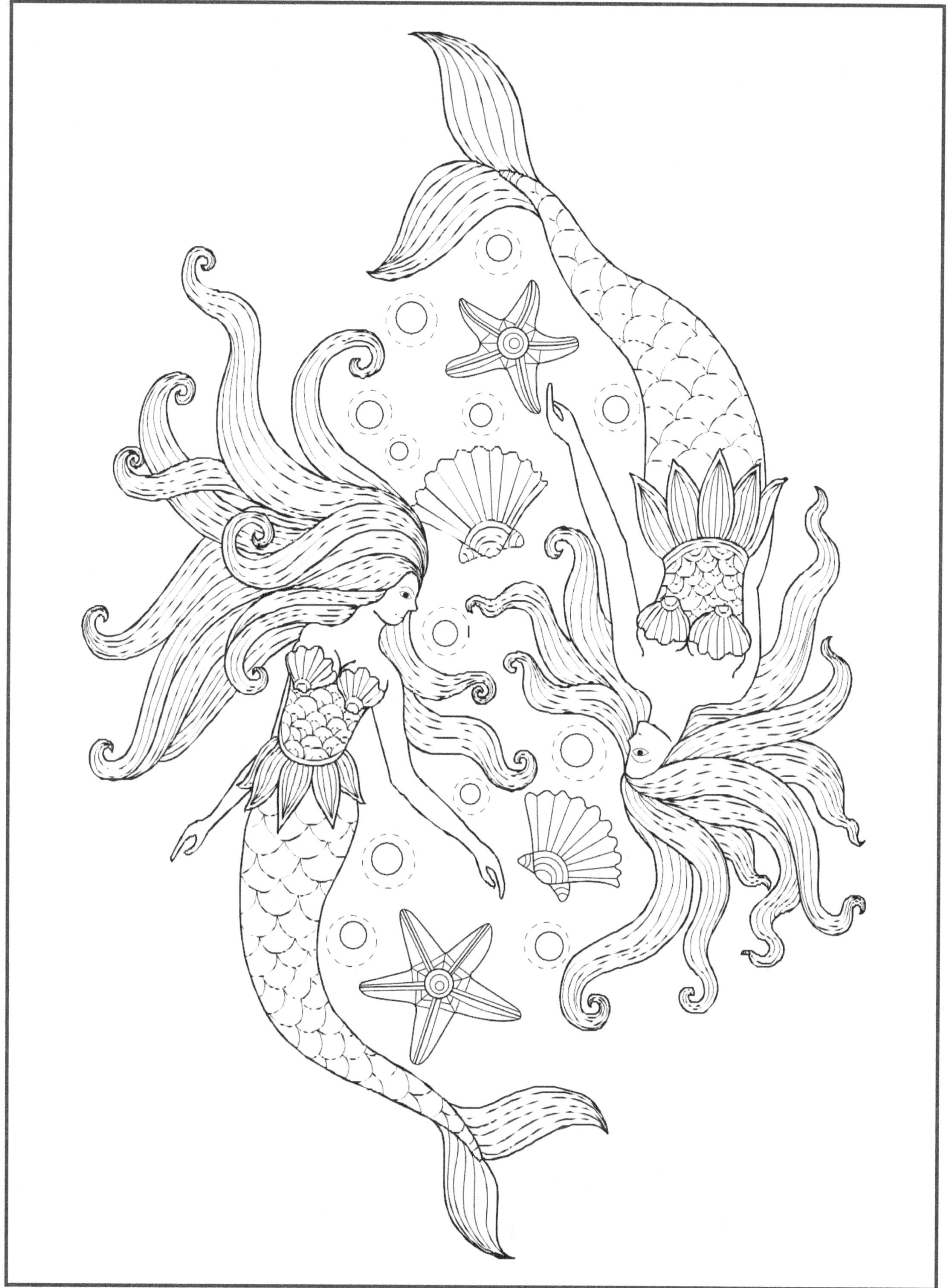

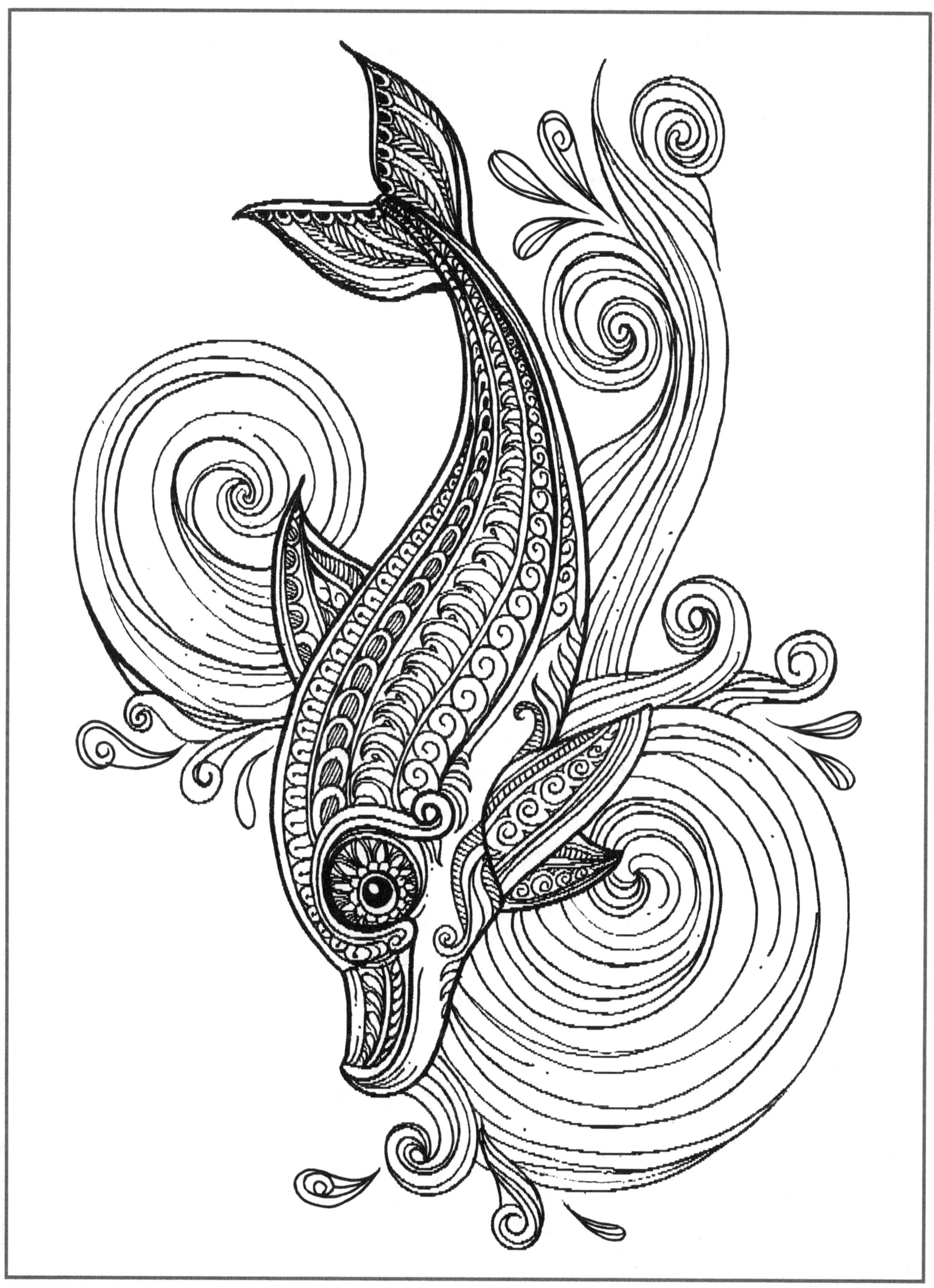

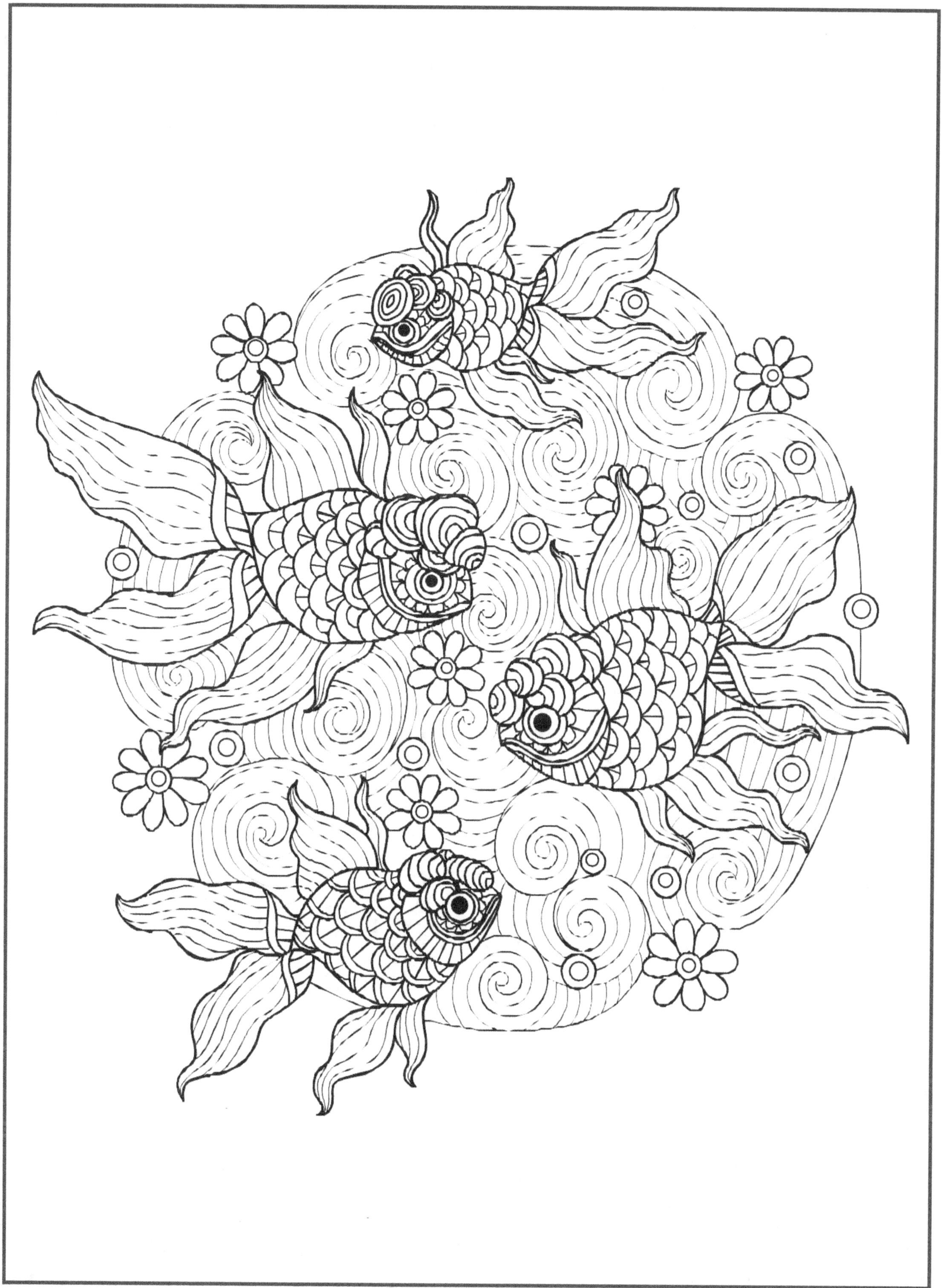

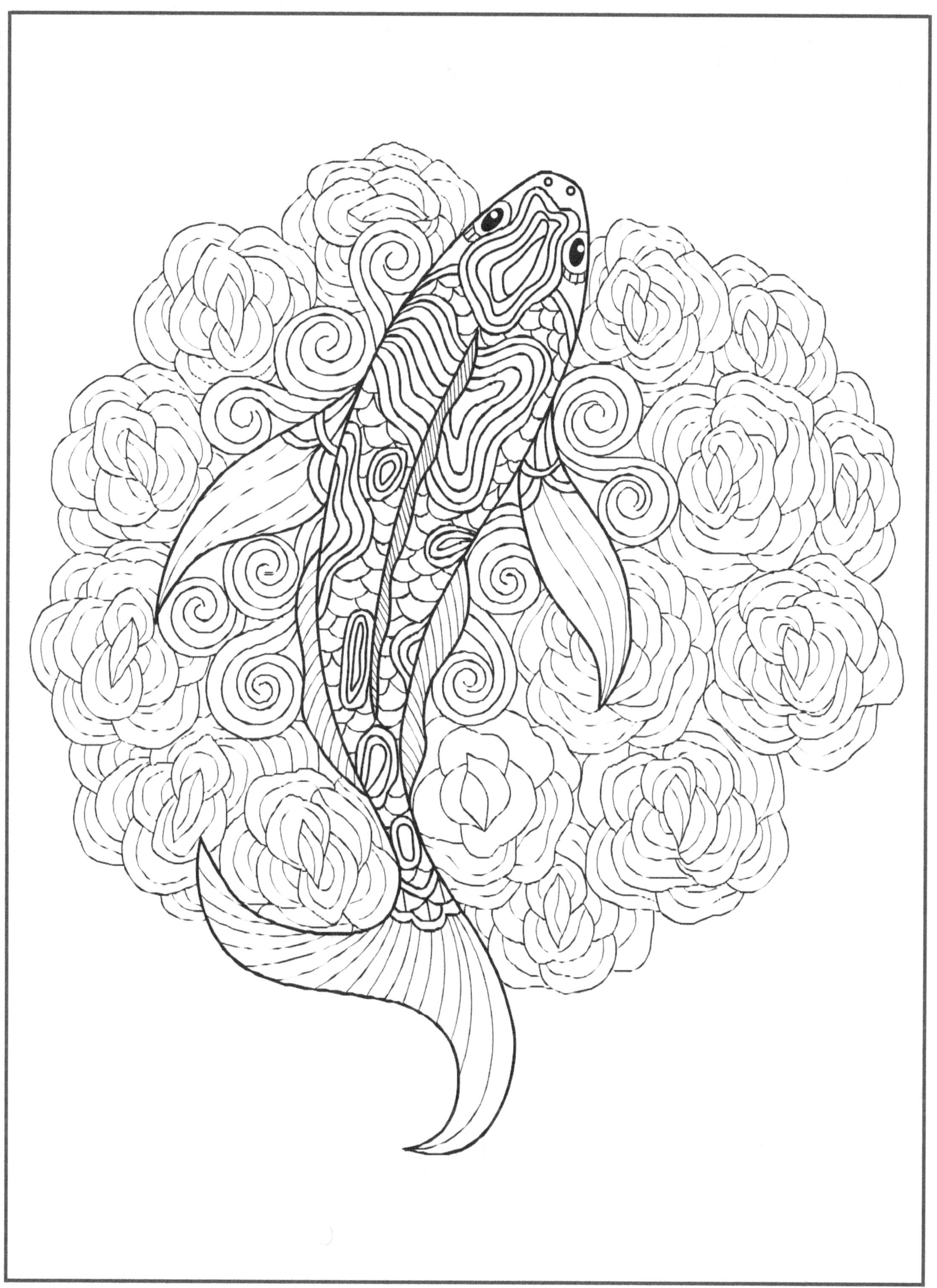

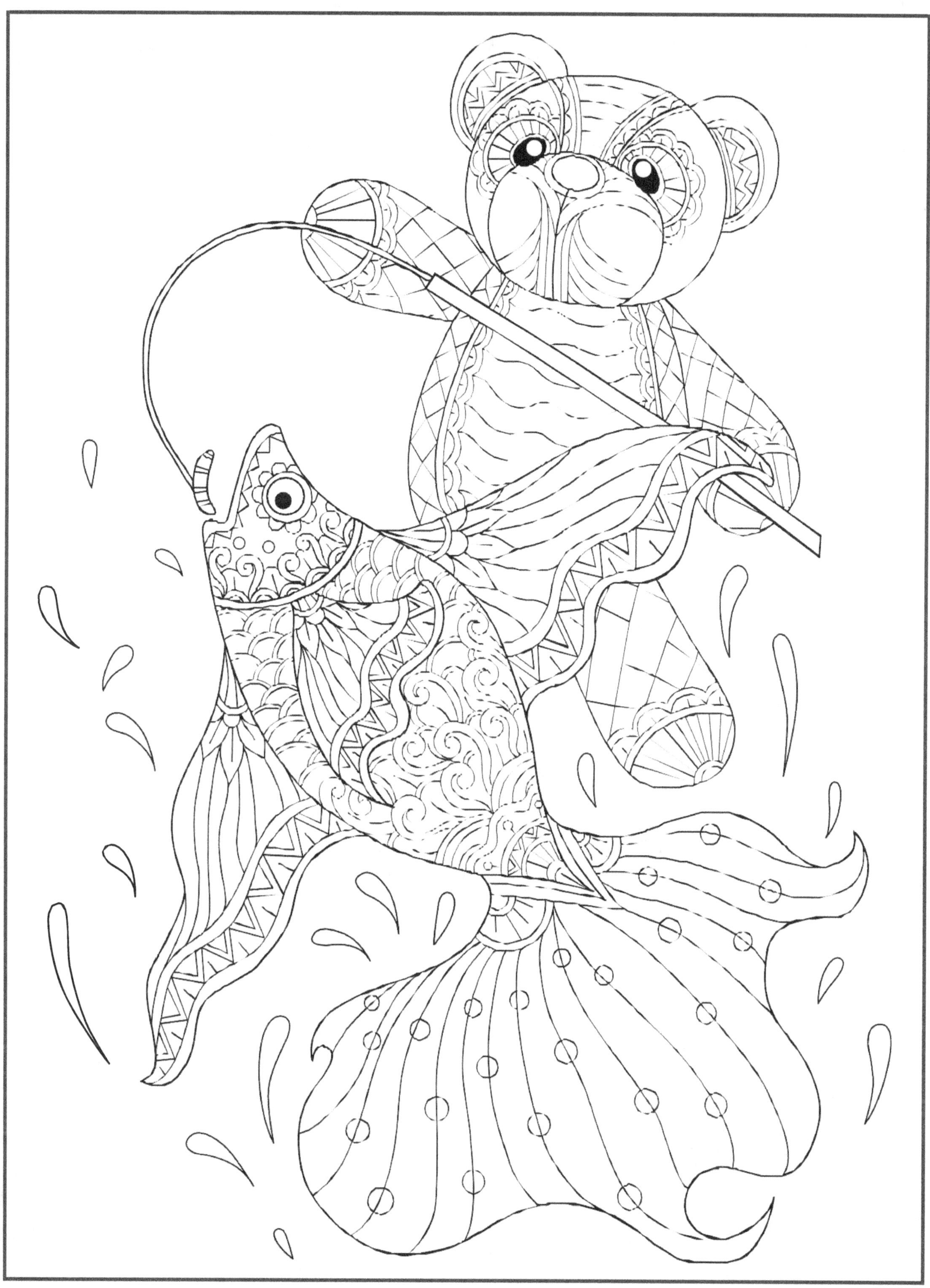

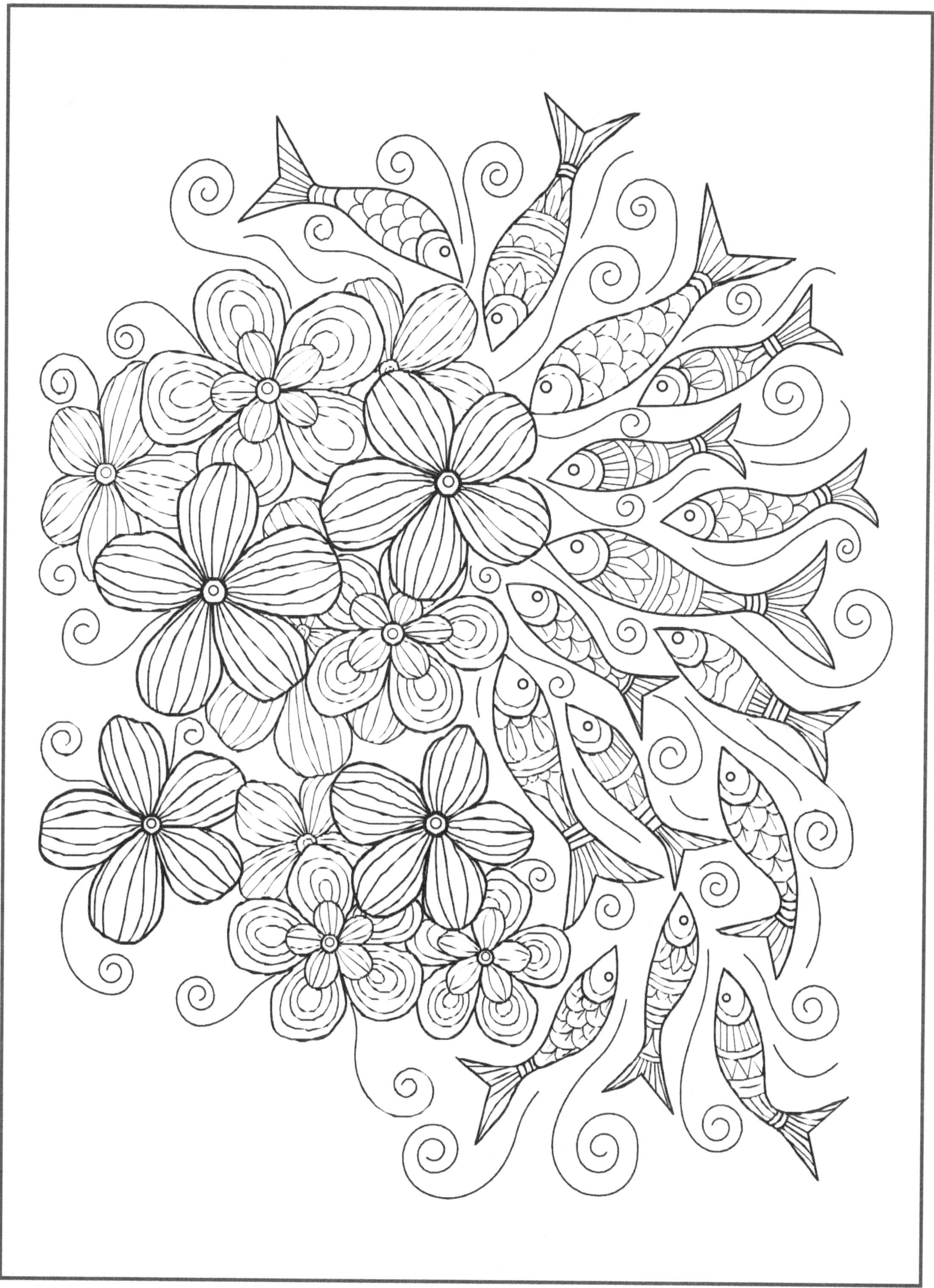

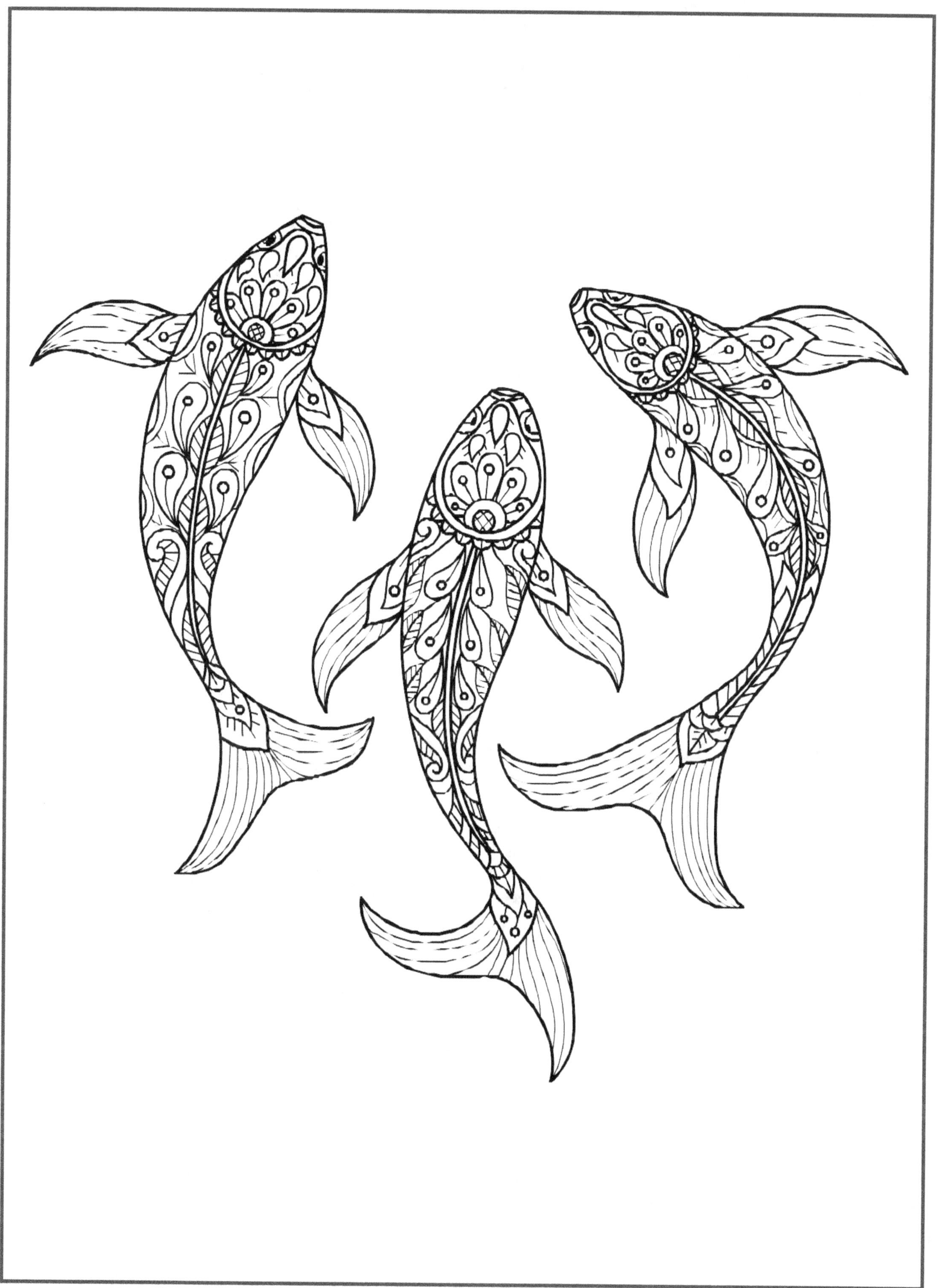

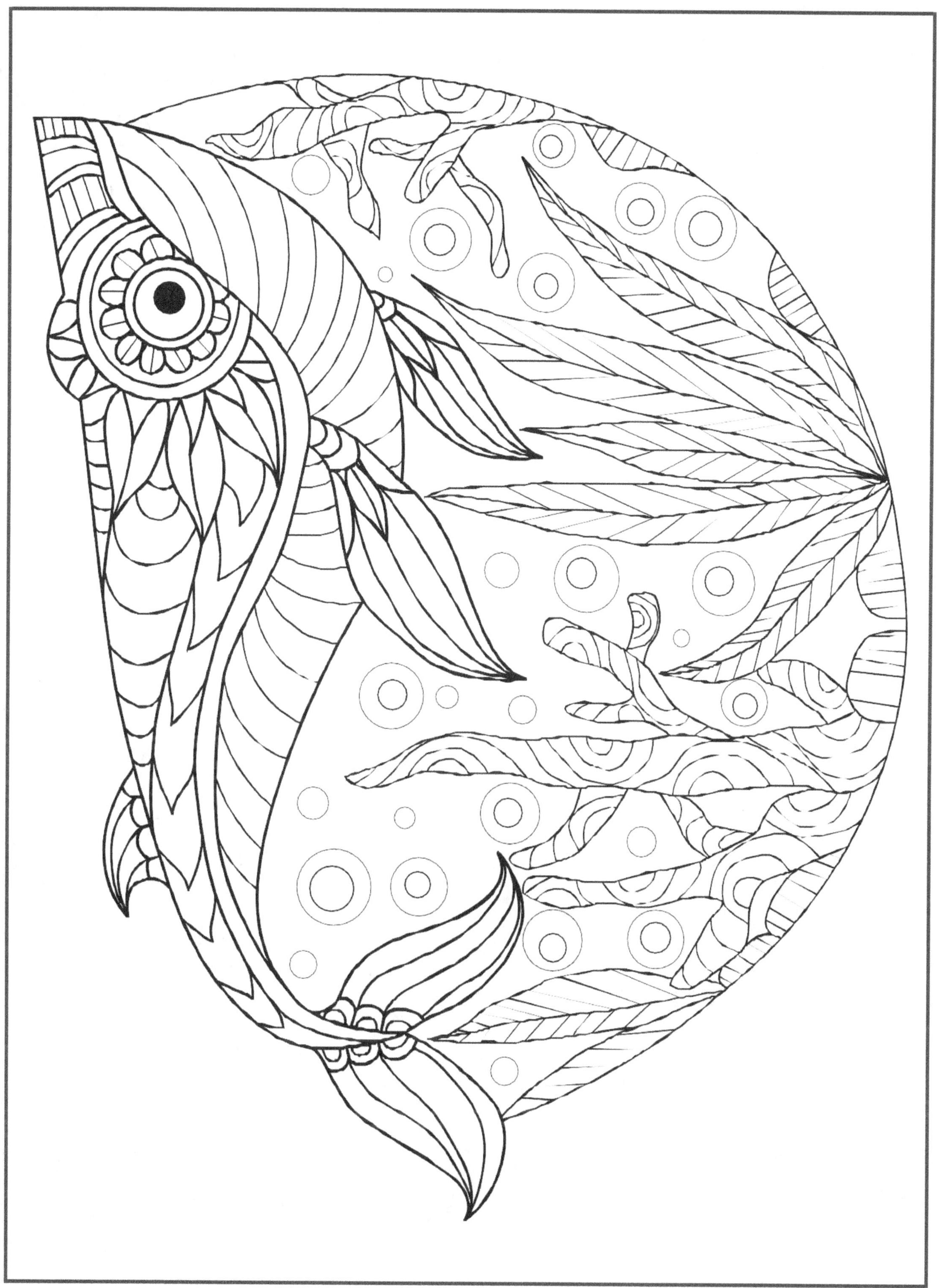

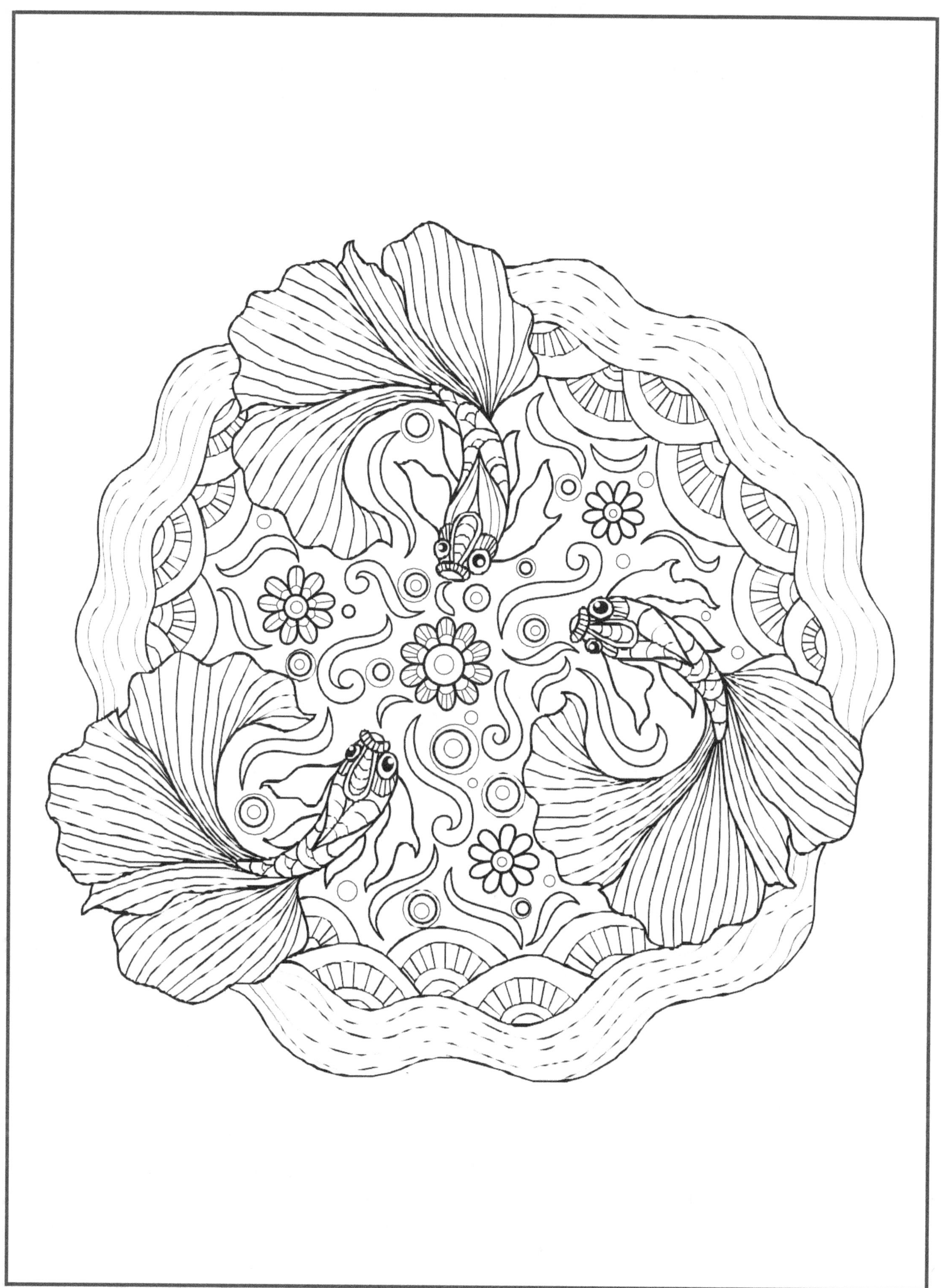

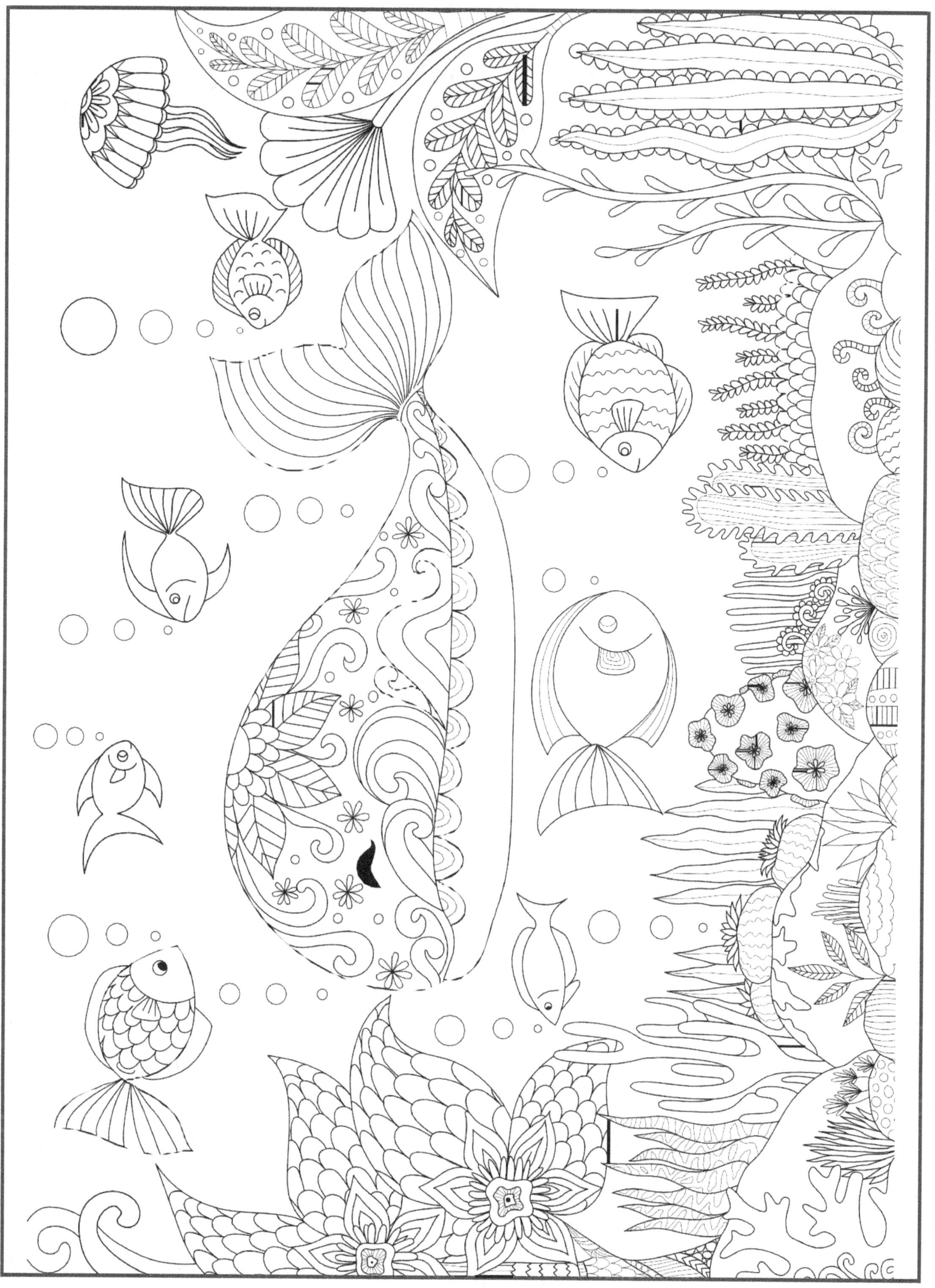

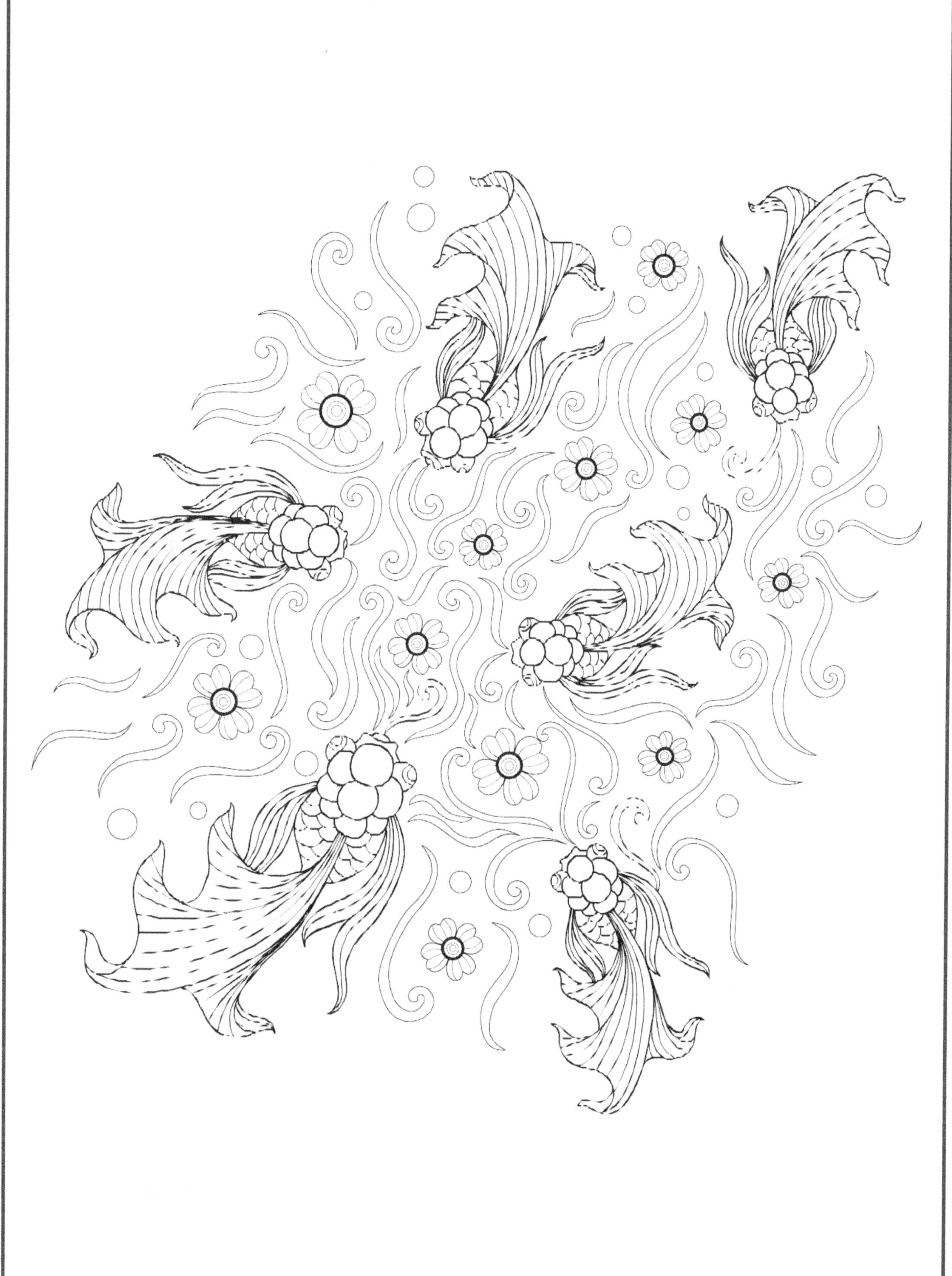

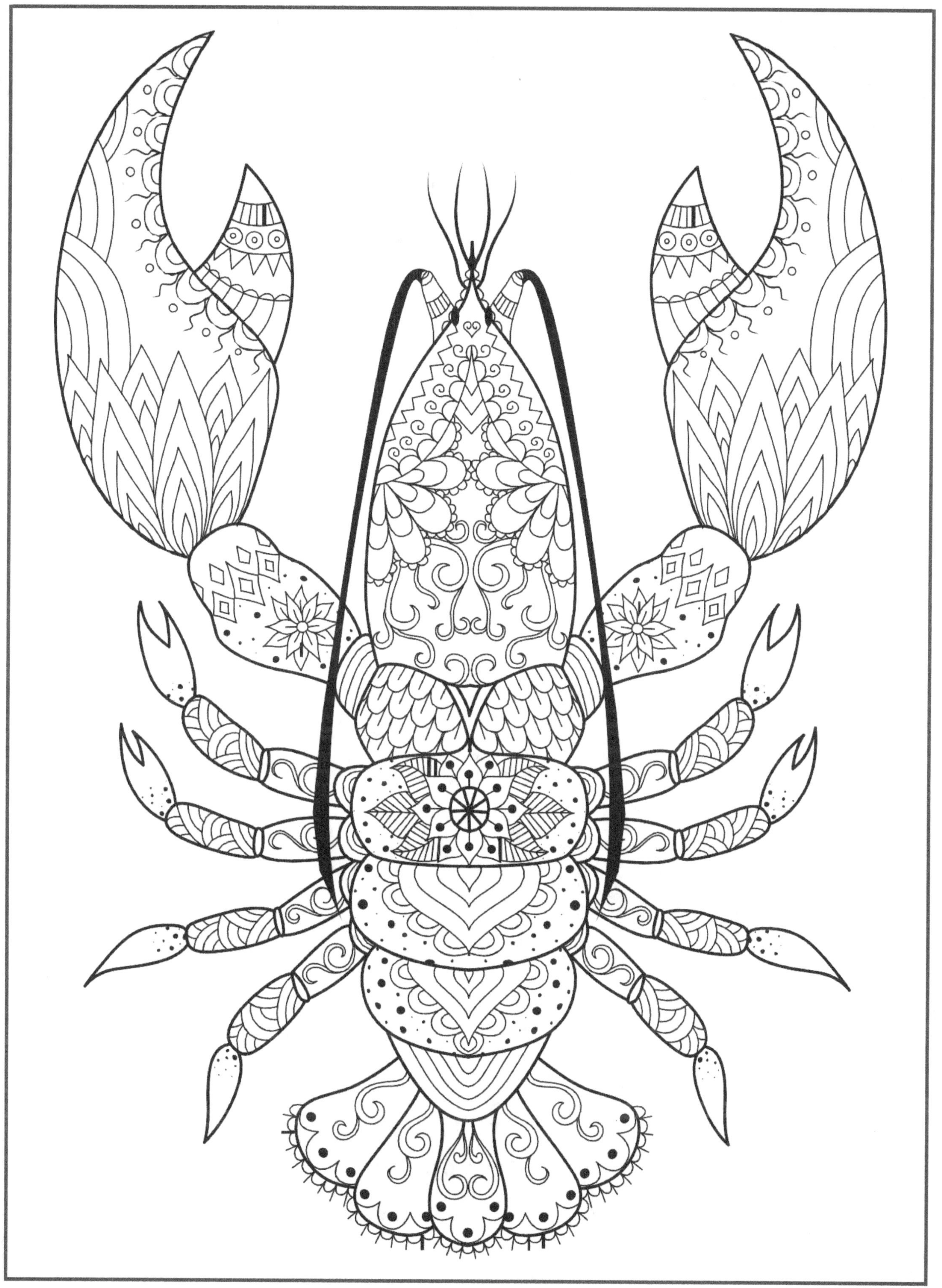

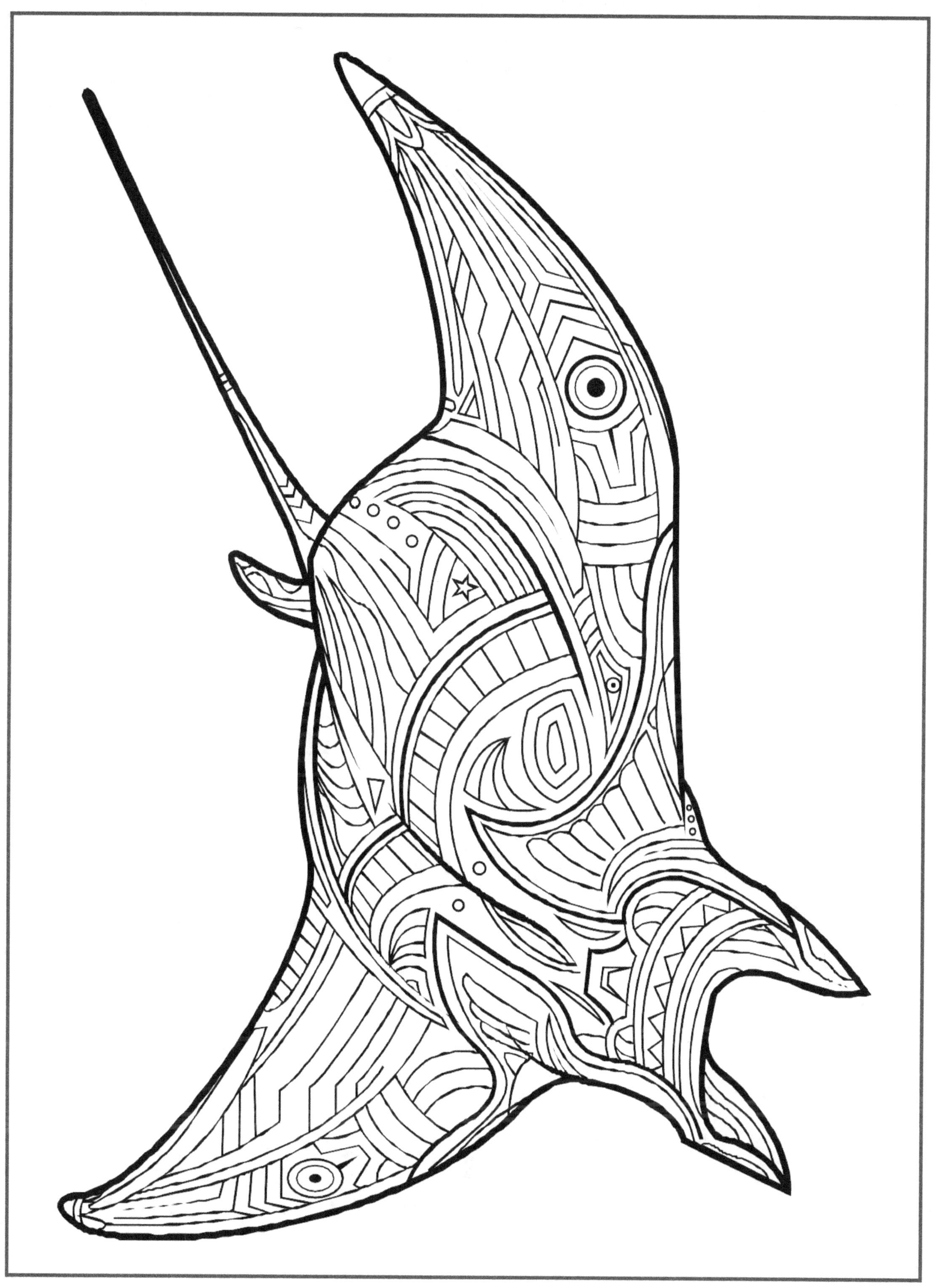

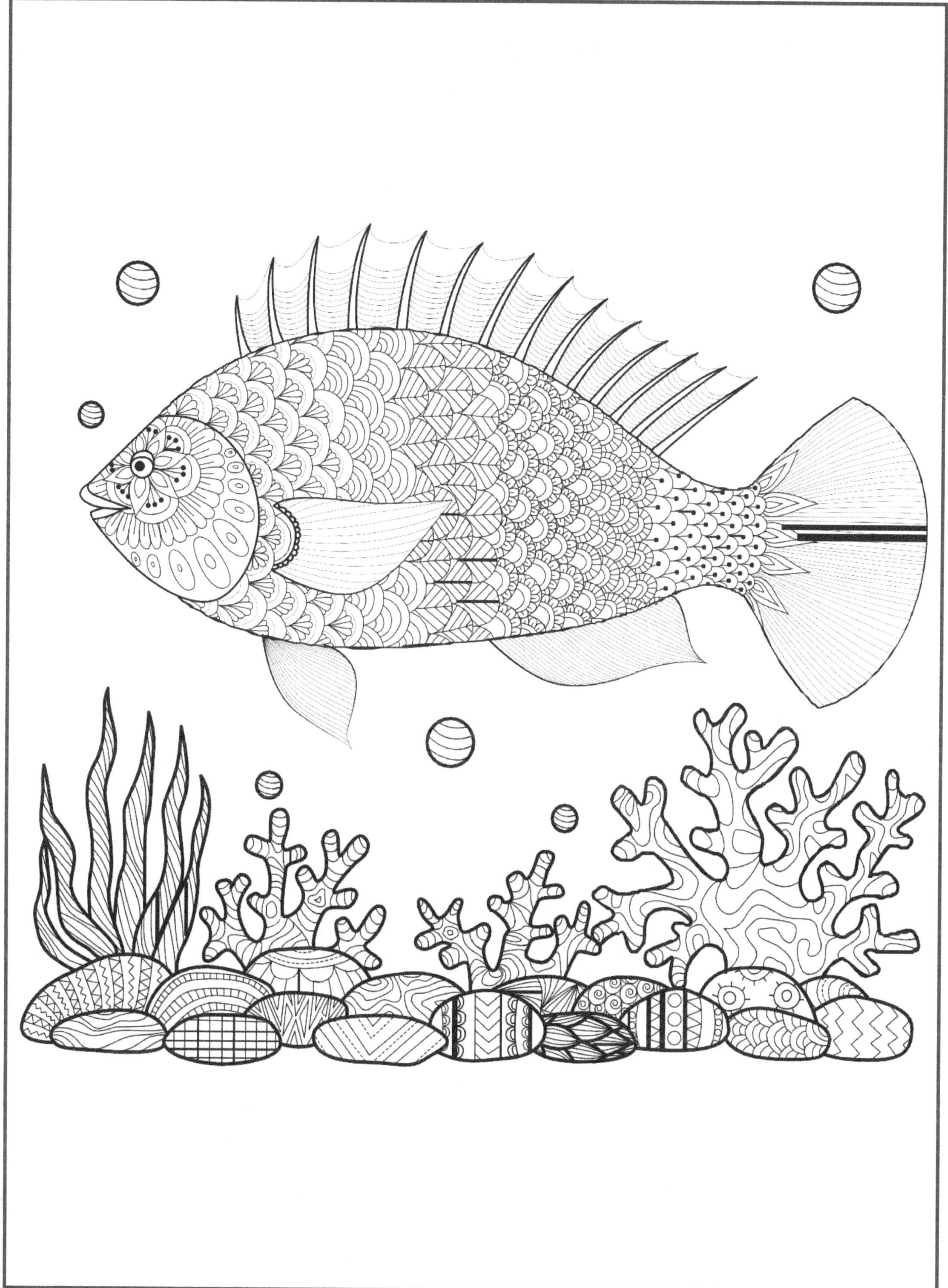